JN122859

現場に立つから、おもしろい

世界をつなぐ、

ひと・モノ・しくみ

〈監修〉**江戸川大学現代社会学科**

〈編〉土屋薫・阿南透・大塚良治・川瀬由高・佐藤秀樹

春風社

現場に立つから、おもしろい

──世界をつなぐ、ひと・モノ・しくみ

本書の トリセツ

■本書は、現代社会に立ち向かおうとしている人たちに向けてまとめられたものです。

わたしたちはこの数年、思わぬ感染症の蔓延（まんえん）で今まで当然のように享受してきた権利や楽しみから、日常生活のレベルで遠ざけられています。

日本では2つの大震災に見舞われたのち、復旧や復興といった議論に社会全体で真摯に向き合ったつもりでいました。しかしそれだけではまだまだ不十分であることが明らかになってしまいました。

「生きていてよかった」とホッとして思える明日を見通すためには、自分たちの暮らす社会とその課題をとらえる力が欠かせません。

そこで本書が目をつけたのが「現場（フィールド）」という視点です。「現場（フィールド）」という視点に立って自分たちの暮らしを見つめ直すのです。たとえば、持続可能な社会というものを考えるときに、理想という高みから見下ろすのではなく、毎日の生活の延長の中にとらえるということ。

またその生活が限りある資源の中で成り立っていることを意識するとともに、社会を機能させている制度として過去から未来へと続く営み（いとな）の中で形作られていることを理解する、ということです。こうしたことを実践するために、それぞれの現場の事例を持ち寄ることで生まれたのが本書です。

現実に立ち向かうということは危険で苦しいことばかりではあり

ません。現場でしかめぐりあえないものと出会い、そこで呼び覚まされた感覚を自分のものとしてまとい身につけていく喜びがそこにはあります。それを知ってもらうために皆さんを「現場（フィールド）」に誘（いざな）いたい。それが「現場に立つから、おもしろい」というタイトルに込めた思いなのです。

■本書では、複数の筆者の視線の先はあえて統合していません。一見すると不揃（ふぞろ）いだと感じるかもしれませんが、これはそれぞれの現場の状況がまさに多様であることに由来します。現代社会の諸課題に、単純明快な解決策は存在しません。それは、それぞれの現場（フィールド）との十全な対話のなかで初めて見出されるものなのです。

各章に多彩な議論を配置したもうひとつのねらいは、現代社会を多角的にとらえる視点を「鍛える」ことにあります。多様な世界を知ることは、一つの枠組みに依拠するだけでは見つけることができない、新しい選択肢（オルタナティブ）（もうひとつ別の道）を発見していくきっかけになります。そのような気づきを積み重ね、複眼的に物事をとらえる姿勢を習得することこそが、社会の諸課題の解決策を考える力となり、ひいてはソーシャル・インクルージョン（さまざまな立場の人が尊重し合い支え合う社会）を実現する力になるはずです。

■ときに、「天地無用」という言葉がありますが、みなさんはその正確な意味をご存じでしょうか。

貨物の箱に書かれていたりする文言ですが、天地を「入れ替えること」は無用、「天地を入れ替えてはならない」（上下逆さまに置いてはならない）という意味です。

うっかりすると、「上下関係ないので自由に置いてよろしい」と思ってし

6

まいそうな言葉です。

このように、省略されているところがわかっていないと大きな誤解の生じることがあります。「省略されているところ」あるいは「省略されていること自体」がわかるかどうか?

そういう目線で見ると、世の中はまだまだ不思議なことであふれているし、そこにこそ考察や支援、修正の余地があると思っています。各章のはざまに断絶が垣間見えたらチャンスだと考えてください。

■ここに「現場無用」と書かれた箱があるとします。

さて、あなたなら「現場」と「無用」の間にどのような言葉を入れるでしょうか?

■本書には、章の数だけ「魔法のランプ」があると思ってください。アラジンが手に入れたランプは擦ると願いを叶えてくれる魔神が飛び出しました。どのランプがどんな魔神を呼び出し、どんな願いを叶えてくれるのか?　その呼び出し方も読んでみなければわかりません。ただうまく呼び出すことができれば、それぞれの魔神は、それぞれのテーマの中で「現場」と「無用」の間にどんな言葉を入れると正解になるのか、あるいは間違いになってしまうのかを教えてくれるはずです。

皆さんがそれぞれの魔法を実現するためのルーティンを掴み、現場で素敵な瞬間に出会うことを願って、本書をお届けします。

編者を代表して

江戸川大学現代社会学科学科長　土屋薫

地域社会

ひと

現代の地域社会では、人間同士のコンフリクトや環境問題、人口減少など、実にさまざまな問題が発生している。第1部では、海外および国内の各事例を読み解く作業を通して、地域社会の諸問題を発見し解決する能力を身につけるとともに、私たち人間の共生のあり方と持続可能な地域社会の未来図を考えてみよう。

　第1章では、文化人類学の視点から、南米、中国、北米の各民族の事例をひも解きつつ、多様な価値観を知り、他者への理解を深めることが、自己理解にもつながることを学ぶ。第2章では、環境学の視点から、バングラデシュの事例を通して、開発途上地域において環境教育を受けた若者が豊かな自然環境を実現するという希望を読者と共有する。そして、第3章では、地域経営の視点から、千葉県流山市の事例を鉄道事業者の戦略的提携からとらえ直すことにより、地域づくりへつなげるパートナーシップのあり方について考える。

　各章での議論を通して、さまざまな立場の人が尊重し合い支え合う、持続可能な地域社会の実現に向けたヒントを探ろう。

（大塚良治）

1
卵かけご飯を食べたら怒られた

フィールドで出会う他者と自己

川瀬由高

keyword

文化人類学

文化相対主義

他者理解

さまざまな場でそれまでの信念や常識が覆されたり、自身や社会への疑問や葛藤を感じたりするためには、ある程度の自由な時間と、多様で複雑な他者との出会いが欠かせません。容易ならざる他者は、自分が何者なのかを問いかけてくれる存在だからです。　　　　　　　　　　　［松村 2019：37］

１｜これからの世界と大学での学び

　20世紀末以降、ひとの移動やモノ・カネ・情報の流れが地球的規模で活発化・高速化し、国境や地域を超えたさまざまなネットワークが展開してきた。この現象はグローバリゼーション（globalization）と呼ばれ、現代世界の特徴の一つだと考えられてきた。身近な場面で、たとえば観光地やコンビニなどで外国人の姿を目にする機会が増えてきたと感じていたひとも多くいるだろう。

　だが、2019年12月に中国の武漢で発生したCOVID-19（新型コロナウイルス感染症）は、わたしたちの暮らす世界を大きく変質させた。世界的な感染の拡大をもたらすことになった「ひとの移動」は、国内外で制限されたり「自粛」されたりするようになった。一方で、ひととの対面接触を避けたインターネット通信販売の利用が拡大し、集会や会議はオンラインで行われるようになった。経済活動全般にも大きな影を落としたが、特に対面接触を伴うサービス業への影響は深刻である。コロナ禍をきっかけに、ひと・モノ・カネ・情報の流れ方は大きく変わりつつある。

　このような新たな流れのなかに身を置くわたしたちは、これまでの暮らしを見つめ直しつつ、これからの生き方を考えなくてはならなくなっている。その答えはまだ誰にもわからない。だからこそ、自分なりに考えぬく力がますます重要になってくるだろう。

　これから大学での学びをスタートさせる皆さんのなかには、予

測困難な将来に不安を感じている人がいるかもしれない。コロナ禍の影響で、日本でも2020年度には全国的にキャンパスへの入構規制が行われ、オンライン授業が実施されるようになった。いままでのような対面授業やキャンパスライフを送れるようになるのか、あるいは大学教育のあり方そのものが変わっていくのか、誰しもがまだ見通しを持ててはいない。想い描いていた大学生活とは異なる日常を送ることになり、大学に通う意味を考え直した学生もいたようだ。

　ただ、新たな状況に悪戦苦闘しながらも、着実に成長してきた学生たちの姿が見られたことは、一人の教員としての大きな喜びであった。またわたし自身、大学教育の意義についてあらためて考えるきっかけともなった。これまでの大学での学びとはいかなるもので、これからも維持していくべき役割とは何か。何が学生たちの成長につながるのか。私見では、大学が担うべき大きな役割の一つとは、「新たな他者」に出会うための時間と場所を用意することである。

　まず、大学とはそもそも「学問」をする場であり、新たな知識を学ぶとともに「問い方を学ぶ」場である［松村 2019］。高校までの「勉強」とは異なり、大学では問題の解き方や正解を覚えたりすることはかならずしも重要ではない。むしろ、さまざまな情報のなかから自分で「問い」を立て、自分なりの「答え」をじっくりと探ることが重要となる。このような「考える力」こそ、大学において養うべきものであり、大学卒業後にも（大卒という肩書き以上に）大切な力になる。ひとたび社会に出れば、誰も答えを用意してくれていない世界が待っており、そこでは自分の頭で考え、行動する必要があるからだ［松村 2019：24-26、31-32］。

　このような考える力を育むのは、大学の授業だけではない。アルバイトやサークル活動に打ち込んだり、友達と遊んだり、恋愛を経験すること、あるいは良質の本や映画に出会うことなど

も、大学生にとっての大切な学びの機会になりうる［松村 2019：35］。大学という場には、出身地や文化的背景がそれぞれ異なるさまざまな学生がいる。個性豊かな「ヘンな」ひとたち（大学教員）もいる。かれらとの交流のなかで、いままでの自分には思いもつかなかったものの見方に気づく。あるいは図書館でふと目に留まった本や映画に思わず引き込まれ、それまで知らなかった世界の広がりを知る。大学での学びとは、単に授業に出て、単位を取るということに止（とど）まらない。大学生活を通してさまざまなひと（他者）と出会うことが、それまでの自分の考え方や思い込みを相対化し、視野を押し広げる契機（けいき）となるのだ。

　自分とは異質な存在である「他者」は、これまでに知りえなかったさまざまなものの見方や多様な価値観に気づかせてくれる存在である。だが残念なことに、自分（たち）とは異なるひとや価値観を受け入れることができず、差別的・暴力的な言動や振る舞いをとってしまうひとがいることも事実である。世界各地で、そして日本でもヘイトスピーチという暴力が起こっている。学校や職場などでもいじめという暴力が振るわれるケースがある。「他者」とどう向き合い、どう付き合っていくべきか。わたしたち一人ひとりの心構えは、そのまま、これからの社会のあり方に繋がっている。

　本章では、異文化や他者をどう理解するのかを考え続けてきた学問である「文化人類学（ぶんかじんるいがく）」の視点を紹介する。この学問が大切にしてきた考え方は、これからの世界における他者との関わり方という課題を考える上でも、重要なヒントをくれるはずだ。

　ここでキーワードとなるのが、文化相対主義（cultural relativism）、そして、馴化（じゅんか）（familiarization）と異化（いか）（defamiliarization）である。これらの言葉の意味をよく知るためには、具体例が欠かせない。以下では順に、南米のヤノマミ族、中国の漢族、そして北米のナシレマ族に、それぞれ教えを乞うていこう。

2 │ 他者理解の学としての文化人類学

女が一人、生まれたばかりの子供を弔っていた。
子供の亡骸は、シロアリの巣のなかに収められている。
シロアリに食べさせたのち、巣ごと焼き払うことで、天に
送る。

だが、子供を殺めたのは、母である、女自身だった。
その部族は、自らをヤノマミと呼ぶ。人間という意味だ。

　これは、2009年のドキュメンタリー作品『ヤノマミ』の冒頭
部からの引用である［NHK 2009］。衝撃的なナレーションから始
まるこの作品は、南米に暮らす先住民ヤノマミ族を長期間にわ
たり取材した優れたドキュメンタリーとして話題となり、映画
化もされた（写真1）。アマゾンの奥地において狩猟採集や焼畑農
業を営むかれらの生のありようは、視聴者の価値観を大きく揺
さぶり、「人間とは何か」という問いを突き付けてくる。
　産まれたばかりの子供をその母が手にかけたという上記のエ
ピソードは、実は、ヤノマミ社会の「嬰児殺し」という習慣に
ついて語ったものであった。その後、この作品のなかでは、こ
の習慣の背景にあるヤノマミの独自の死生観が徐々に明らかに
されていく。
　ヤノマミのあいだでは「精霊」の存在が信じられており、生
まれたばかりの子供はまだ「人間」ではなく、「精霊」であると
考えられている。そして、「精霊」が「人間」になるには、母で
ある女性が産み落とした赤子を自らの手で抱き上げることが必
要だとされている。つまり、母が抱き上げた場合はその「赤子」
は人間として迎え入れられるが、そうではない場合は、母はそ
の「精霊」をシロアリに食べさせてから焼き払うことで、「精
霊」を天に返すとされているのだった。

写真I　NHKDVD「ヤノマミ」　発行：NHKエンタープライズ　販売元：日本コロムビア株式会社

ヤノマミ社会では、生まれた子供を生かすも殺すも母親の判断次第である——。この話を聞いて、皆さんはどのように思っただろうか。「ヤノマミはなんと野蛮な民族なのだろう」とか、「まだ近代化していないのだ」といった感想を持ったひともいるかもしれない。あるいは、かれら独自の死生観に触れたことで、「もっと詳しく知りたい」と興味を持ったひともいるかもしれない。

　世界にはさまざまな人びとが暮らしており、その価値観は多様である。ときに、それはわたしたちの常識や価値観とは異なっているように思えることがある。では、そのような「異文化」をどのように理解するべきか。自分たちとはあまりにも違うように思える「他者」に、どのように向き合えばいいのか。世界各地のフィールドでこのような問いを考え続け、他者理解のための特有の理論を発展させてきたのが、文化人類学（cultural anthropology）という学問分野である。

　文化人類学という学問を初めて聞いたというひとも多いかもしれない。じつはわたし自身も、大学に入学するまでは文化人類学についてはほとんど知らなかった。以下では、文化人類学の歴史や特徴について簡単に紹介していくが、ここではひとまず、文化人類学とは「文化」（culture）をキーワードに、「人間とは何か」という問いにアプローチする学問なのだと理解しておこう。

　文化人類学の特徴の一つは、世界各地のさまざまなフィールド（現場）に実際に赴き、そこに身を置くなかで研究課題を深めていくというフィールドワーク（fieldwork）を重視していることである。図書館や書斎で研究するだけでなく、特定の社会や状況のなかの人間の姿を、現地調査に基づいて記録し分析する。その調査結果を、他のフィールドの状況と比較し、考察する。自分自身のフィールドワークの経験をもとにして、社会や人間の根源について考えてゆくのが、文化人類学者の仕事である。

　ただし、研究手法としてフィールドワークを採用してきたの

は文化人類学だけではない。民俗学や社会学でも比較的早くからフィールドワークは行われてきたし、今日ではさまざまな学問分野でフィールドワークが行われている。だが、他の学問分野ではほとんどの場合、「未開社会」は研究対象とされてこなかった。つまり、国家を持たなかった民族や、産業文明を持たない人びとについての研究は、文化人類学において深められてきたのである。その理由はいくつかあるのだが、この学問が生まれ育った背景から見るのがわかりやすい。

　文化人類学は、19世紀半ばの西欧において誕生した比較的「若い」学問分野である。20世紀初頭には、とくにイギリス、フランス、アメリカを中心に文化人類学は目覚ましい発展を遂げるが、重要なのは、その発展は西欧列強による植民地主義的な拡張政策に支えられたものだったということである。当時の西欧人たちは、植民地とした国や地域において、「他者」と出会った。すなわち、西欧世界とは異なる文化や社会のしくみのなかで暮らす人びとの存在に気づいたのである。それは、西欧の近代社会のしくみ（市場・国家・市民社会）を研究するための学問（経済学・政治学・社会学および歴史学）や、非西欧の文明社会を研究するための学問（東洋学）ではうまく理解できないものだと考えられた。そこで、近代の外部＝「未開社会」を研究する学問として期待されたのが、文化人類学だったのである［ウォーラーステイン 2006：24-36］。

　文化人類学が扱う研究テーマはきわめて広く、実際には研究対象も発展途上国や非西欧社会に限定されない。近年では、自国をフィールドとした研究も多いし、科学技術の問題や現代の社会問題などに関する研究も盛んである［佐藤 2013］。だが、もともとが「未開社会」の研究として誕生・発展してきた学問であるために、今日でも文化人類学の研究アプローチにはある特徴が見られる。それは、身近な社会問題や文化について研究するときにも、「遠い異国」の社会・文化の事例との比較をもとに

考えるということである。「未開社会」に関する豊富な研究蓄積が、文化人類学の思考法の基盤となっているのだ。

　ここまで、文化人類学とはフィールドワークをもとに、「他者」について研究する学問であることを確認してきた。文化人類学の研究のフィールド（現場）は広大かつ多様であり、ヤノマミのように、一見すると自分（たち）とは大きく異なる文化のなかに暮らす人びとも含まれる。それでは、自分とは異質な存在である他者の文化をいかにとらえればよいのか。

　以下では、筆者自身のフィールドワークを紹介しながら、この問いについて考えてみよう。

❸ ｜ 卵かけご飯で怒られた話

　大学院博士課程に在籍中、わたしは中国江蘇省南京市南部に位置するとある農村で長期のフィールドワークを行った。約2年間の滞在中（2014〜2016年）、わたしがお世話になったのが、呂おじさんと呂おばさんのご家庭である。呂夫妻とその家族の家に住まわせてもらいながら、漢族農村社会の四季折々の暮らしの姿を、自分の五感で体験し理解していくという時間を過ごした[川瀬 2019]。

　文化人類学のフィールドワークを特徴づける手法の一つに、現場の活動に参加しつつ観察するという「参与観察」がある。たとえば、現地の農業のしくみを理解しようとするとき、単にインタビューをしたり農作業を見学するのではなく、実際に自分でも体験してみることで理解しようとするのが参与観察の考え方である（写真2）。わたしも呂おじさんが行う農作業のお手伝いをするなかで、どのような気候のもとでどのような仕事をするのか、どこにどのような苦労があるのかなどを、自分の身体でつかみ取ることができた。参与観察は、現地の人びとの視点に立って、その文化の内側を見つめようとする研究手法だと

いえる。

　ただ、異文化のうちに身を置くことにはストレスもある。わたしも、時に寂しさや自分の調査への不安を感じることもあったし、うだるような暑さが続いた夏の日に、ダニに十数か所も食われたときにはさすがに耐えかねるという思いを抱いたこともあった。そんな経験のなかでも、調査を始めて2年目の初夏のある日の、卵かけご飯のエピソードは特に懐かしいものの一つである。

　その日、わたしは、日中に行った農作業でくたくたになっていた。夕方にはだいぶお腹がすいていて夜ご飯が待ち遠しかったのだが、なんとも残念なことに、その日のメイン料理は、魚だった。

　調査中、食事はいつも呂家の人たちと一緒に食べていた。中国のいなかの家庭料理は少々油っこいのでたまに飽きがくるものの、呂おばさんと呂おじさんが作ってくれる料理はどれもと

写真2　中国農村での参与観察

てもおいしかった。たまに他のご家庭で食事をいただくことも
あったが、「やっぱりうち（呂家）の料理の方がおいしいや」と
内心思っていたくらいである。ただ、わたしは魚料理はあまり
好きではなかった。中国で一般に食べられているのは淡水魚で、
（味付けによって違いはあるが）やや泥臭さが感じられたからだ。今日
はすごく腹が減っているのに、これでは箸が進まない。そこで
わたしは、みんなと一緒の食卓につきながらも、一人だけ卵か
けご飯を食べてみることにしたのである。

　呂家では鶏を飼っていたので、毎朝、新鮮な卵が手に入る。そ
れを使えばさぞおいしい卵かけご飯になるのではないかと以前か
ら思ってはいたのだが、この日まではずっと遠慮していた。中国
では基本的に生の物を食べる習慣がないし、呂家のみんなと一緒
の食事をとる最中にそのようなものをあえて食べるのは、作って
もらったご飯にケチをつけるような気がしてはばかられたからで
ある。ただ、この日は、どうしても魚だけでは物足りなかった。
そこで、わたしは宣言した。今日はちょっとぼくは、日本の
「生鶏蛋蓋飯」（生たまごかけどんぶり）を食べてみようかな、と。
　卵をもらい、器と醤油を借りる。「日本では生のままでも食べ
るんだよ」と解説しながら、卵を割り、溶き卵を作り、醤油を
垂らす。それまでは呂おじさんたちも何となくその様子を眺め
ていたようだが、溶き卵をご飯にかけて、わたしが一口食べた
のをみて、どうやら少しギョッとしたようだった。そして、そ
こでわたしは怒られた。その様子を見ていた呂家のお嫁さんに、
きつく注意されたのだ。

「その箸で料理を取っちゃだめだよ！」
「食べ終わったら、みんなの茶碗とは別に洗ってね！」

　このお嫁さんの注意に対して、呂おじさんも無言で同意をし
ていた。呂おばさんも溶き卵を見て、笑いながら「見ただけで

怖いねえ」と言っていた。やはり、生のままで卵を食べるのは、気持ちが悪くて、抵抗があるものと感じられていたのだった。新しく取り箸まで渡されたわたしは、ちょっと恥ずかしさを感じながら、少しだけ魚をつまみ、卵かけご飯をおいしく食べた。ただその後、フィールドワークの期間中にわたしが卵かけご飯を食べることはなかった。

　この日のできごとは小さな失敗として覚えているものだが、これとは逆に、わたし自身が中国の卵料理でギョッとしたこともあった。「卵かけご飯」事件に先立つこと3か月、わたしは呂家で「へんな卵」を食べる機会があったのである。

　それは現地で「旺鶏蛋」(wangjidan) と呼ばれたり、あるいは「毛鶏蛋」(maojidan) と呼ばれたりする鶏卵であり、一言でいうと「ヒヨコになりかけの卵」である。食べ方はふつうのゆで卵と同じく、煮たり蒸したり油で揚げたりするのだが、いざ食べようとその卵の殻を割ると、孵化しかけの雛が目に飛び込んでくるのだった。

　その日までわたしはこの卵のことを知らず、呂家でもこの卵が食卓にのぼったことはなかった。呂おばさんはこの日、近隣住民からこの卵十数個をおすそ分けでもらい、炊飯器で醤油などをいれて煮込んでいた。これは何をつくっているのと聞いて、孵化しかけの鶏卵だと聞いたときにはギョッとしたが、「これは栄養があるんだよ」「孫娘も好きだよ」と呂おばさんが勧めるので、好奇心が勝り、わたしも食べてみることにした。

　夕食時、殻をむいて見えてきたその卵の見た目に怯みながら、勇気を出して口にした。その卵の味自体はまあまあだったのだが（サンマのかば焼きの缶詰のような味がした）、食感は、孵化しかけの個体に生えている毛がモソモソして、ゴツゴツとした骨が口に残る気がして、どうにもおいしいとは感じられなかった。周りのみながパクパクと食べているのに、わたし一人が恐る恐る食べているので、呂おばさんに笑われてしまった。「わたしも初め

て食べたときは見た目が怖くて、目を閉じて食べたんだよ」とのことだったが、わたしは目を閉じたとしても、1個すべてを食べきることができなかった。その後、街中でたまに「旺鶏蛋（ワンジーダン）」の看板が出たお店や移動式屋台を見かけることはあったが、今に至るまでこの卵をもう一度食べてみようと思ったことはない。

中国にも、「毛鶏蛋（マオジーダン）」が嫌いなひともいる。一方、当時の南京市がそうであったように都市部では日本料理もブームとなっており、すき焼きなどで生卵を食べるひとも増えていた。だが、それは依然として例外的なものである。食文化には流行やトレンドがあるものだが、「何を食べられるものだと見なすのか」という文化的認識の部分は、なかなか容易には変わらないものなのである。

ここまで見てきた卵かけご飯と「毛鶏蛋（マオジーダン）」の話は、文化のとらえ方を考える上でのヒントをくれるものである（写真3・写真4）。皆さんはもし自分が食べるならば、生卵と「毛鶏蛋（マオジーダン）」のどちらが良いだろうか？　多くのひとが、生卵はおいしいものだが、「毛鶏蛋（マオジーダン）」は気味の悪いものだと考えたのではないだろうか。だが、そのような感性は、自分が生まれ育った文化のなかで身に着けた価値観に基づくものであることに注意が必要だ。

わたしたちは、他者との差異に直面すると、つい自分の基準で判断したり評価したりしてしまうことがある。だが、そのような自己中心的なとらえ方では、相手のことを理解し損ねてしまう。そもそも、生卵と「毛鶏蛋（マオジーダン）」のどちらかが優れている／劣っているなどと考えるべき話ではない。文化ごとに常識や「あたり前」が異なっているということなのだ。

自他の文化の独自性と対等性を認め、尊重する。このような考え方を、文化人類学では文化相対主義と呼んでいる。他者との「違い」を価値の優劣で判断するのではなく、その「違い」を尊重することから出発しよう。自分の基準で相手の文化を安易に評価するのではなく、まずは相手の立場で相手の文化を理

写真3　卵かけご飯

写真4　毛鶏蛋
（マオジーダン）

24

解し、自分自身の文化を反省的に見つめ直そう。文化人類学者が大切にしてきた文化相対主義とは、他者理解のための基本的な態度、心構えだということができる。

　自分（たち）の文化こそ、他のどの文化よりも良いものだ。このような考え方は、「自民族中心主義」（ethnocentrism）と呼ばれる。いままでに慣れ親しんできた卵かけご飯はおいしいものだが、「毛鶏蛋」は気持ちが悪い。このように感じてしまうことは仕方がない部分もあるが、自民族中心主義にとどまってしまっていては、他者理解は進まないし、自分自身のことも十分に理解しないままになってしまうものである。

　少し視野を広げて見つめ直すと、自分の「あたり前」を相対化することができる。「ヒヨコになりかけの卵」は、中国南部の各地（広州、海南島、紹興など）で、そして、ベトナム、フィリピン、タイ、ラオスでも食べられていると言われている［周 2004：37-40］。一方、生卵はどうかといえば、たとえばフランスの一部の料理では生卵が使われてはいるが（カルボナーラなど）、日本のように生のままの卵を食べる習慣がある国や地域はむしろ少数派のようである。このことは、火の通っていない卵はサルモネラ食中毒を引き起こす可能性があることとも関係している。鶏卵を安全に食べるために、人間は火を通すという調理文化を発達させてきたのだ。世界を見渡してみると、生のままの卵を食べる習慣の方が特殊で「野蛮」な行為だといえるかもしれない（なお、生卵食が習慣化している今日の日本では、卵の出荷に際しての殺菌、消毒のルールが定められている）。

　自分の「当たり前」や先入観からいったん離れてみて、広い視野から物事をとらえてみる。次に紹介するナシレマ族の事例は、このような視点の切り替えの重要性を教えてくれる。

◢◤ │ 北米大陸の未開民族?

　みなさんは、北米大陸に暮らすナシレマ (Nacirema) という民族をご存じだろうか。かれらの存在は、文化人類学者ホーレス・マイナーの研究で広く知られるようになった [Miner 1956]。かれらの社会には、傍（はた）から見るとどうにも奇妙な身体儀礼の文化があるようだと報告されたのである。その概要は次の通りである。

　　ナシレマ族の身体に関する儀式と哲学は非常にユニークだ。かれらの身体儀礼を貫く基本的な考え方とは、人間の体は本来醜いものであり、何もしないと自然と衰弱したり病気になったりしてしまうというものである。体の清浄性を保つことに執着しているかれらは、自分の家屋に少なくとも一つは、さまざまな身体儀礼を執り行うための儀礼室を設けている。
　　ナシレマ族が日常的に行う儀礼のなかで特徴的なものの一つに、口腔（こうくう）儀礼がある。かれらは、口の状態はあらゆる社会関係に超自然的な影響を及ぼすと信じており、この儀礼を行わなかった場合、歯は抜け落ち、歯茎からは血が出て、顎の骨は萎縮し、友人からも見捨てられ、恋人にも拒絶されることになると信じている。そのため、豚の毛を束にしたものに特殊なパウダーを塗り、それを口の中で高速で回転させることに非常に執着しているのである。
　　また、もしこのような日常的な儀礼だけでは体の清浄性や健康を保てない時には、ラティプソ (latipso) と呼ばれる建物にいるメディスンマン（治療師）に治療を依頼し、そこでさらに複雑な手続きが施されることもある。

[Miner 1956：503-505]

　いかがだろう。一読して、とても変わった民族だと感じただ

ろうか。そう感じた方は、もう一度、上記の紹介をじっくりと読んでみてほしい。ポイントは、ここには何のウソも書かれていないという点である。

ヒントは、わたしたちの身近な生活のなかにもある。自分たちの住んでいる家に一室は設けられている、身体をきれいにするための部屋とはどこか。健康を維持するための行為だと考えて、日常的に口のなかに突っ込んでかき回しているモノとは何か。そして、自分たちとは全然異なる習慣を持った人びとがいたとして、その人びとの習慣や信念を客観的に描写したとしたら、どのような記述になるだろうかと、想像してみてほしい。

そう、これは、鏡写しにされたアメリカ人（American）の記述なのであった。

このナシレマ族の話には、他者の視点を借りた自己の再発見という、文化人類学の視点のおもしろさがよく表れていると思う。ここでキーワードとなるのが、「異化」と「馴化」である。

「異化」とは、「自己の他者化」である。つまり、普段あたりまえだと思って気にも留めていなかったことを、他者の視点を借りながらとらえ直すということである。いつも何気なく行っている日常的な歯磨きも、角度を変えてあらためて見つめ直すと随分とおかしなことをやっているなと再発見するといったことが、その端的な例である。

それに対して、「馴化」（または「親和化」）とは、「他者の自己化」である。まったく異なる文化だと思っていたものを見つめ直すことで、実は自文化との共通点や類似点があったことを発見し、認識を新たにするということを指す。

最初は違和感があった「毛鶏卵」についてじっくりと考えてみるなかで、徐々に馴染みのある食べ物と思えるようになり（馴化）、また卵かけご飯の方こそおかしなものに思えてくる（異化）。遠いものを近くに感じ、近くのものを遠くに感じる。このように自己と他者とを往還するなかで研究を深めていくのが、文化

人類の思考法なのである。

５ │ 他者を通して自分を知る

　私たちは自文化に住んでいる限り、すべてが当たり前に思
われて物事を根本から考え直そうとはしません。〔…〕いっ
たん身につけた「常識」の殻を破るためには、別の「常識」
に接して自らを振り返るしかありません。その意味で異文
化は自文化の鏡なのです。文化人類学者が「奇妙な」異民
族を研究するのは、それがたんに学問的に有益だからでは
ありません。むしろ、異文化を鏡として自文化を再発見す
ること、そして他者を迂回して自分をよりよく知ることが、
人間を成長させるからなのです。住み慣れた世界から一歩
踏み出して、新たな可能性を探ること。それが文化人類学
の醍醐味です。　　　　　　　　　　　　［綾部・桑山 2010：7］

　ここに引用したのは、定評ある文化人類学の教科書の一節で
ある。本章を読み進めてきた皆さんは、ここで書かれているこ
との意味を十分に理解できたのではないかと思う。世界各地に
見られる文化の多様性とは、人間の生のかたちの多様性である。
複雑かつ多様な他者について知ることは、まさに、自分自身の
新たな可能性について学ぶことでもあるのだ。
　最後に、本章第2節で紹介した、ヤノマミの話をいま一度振り
返ってみよう。近代社会に暮らすわたしたちの目には、ヤノマ
ミの嬰児殺しの習慣は、非道で野蛮なものだと映るかもしれな
い。だが、そのような判断は自民族中心主義に陥ってしまって
いないか、いったん立ち止まって考えてみることが大切だ。文
化相対主義の精神で、他者の文化に敬意を払い、自分の常識や
価値観はいったん括弧にいれて、広い視点からあらためて見つ
め直してみよう。

ヤノマミの人びとは、嬰児殺しは非道なことだとは考えていなかった。生まれたばかりの赤子はまだ「人間」ではなく、精霊なのであるととらえられていたからだ。ここで、ヤノマミの習慣を「馴化」させてとらえ直してみると、わたしたちの暮らす近代社会にも通底するものが見えてくる。

　わたしの理解では、ヤノマミの嬰児殺しと、日本で行われている人工妊娠中絶とは本質的には「同じ」ものである。この両者で異なるのは、どこから「人である」と見なすのかという基準だけだと指摘できるからだ。前者の場合は、母となる女性がそれを抱き上げた時、後者の場合は、妊娠が成立して22週目以降だとされている。これは、それぞれの社会でどのように生命を定義しているのか、何をもって人間だと見なすのかという約束事の違いにすぎない。つまり、どちらの社会でも、生命の始まりの定義は恣意的なものなのである。

　さらに言えば、日本では「脳死」という概念を用いて人為的に生命の終わりを線引きし、生きた身体を臓器移植に利用するという新しい医療産業まで生まれている［福岡 2020：78-84］。自分たちの文化のことを顧みずに、嬰児殺しは非道だと見なすのは、あまりにも自民族中心主義的な考え方だといえよう。

　他者との出会いは、同時に、自己との出会いでもある。ヤノマミの事例が、わたしたち自身の社会のルールや、ものごとのとらえ方には偏りがあることを教えてくれたように、また、人間とは何かという問いをわたしたち自身の問題として考えるための手がかりに気づかせてくれたように、他者への理解を深めることは、同時に、自己理解のプロセスでもある。他者に敬意を払い、その声に真摯に耳を傾ける文化相対主義の考え方は、自分自身を成長させ、これからの世界を生き抜く力を身につけていく上でも、そして、差別や暴力といった現代社会の諸課題に対処するための倫理的思想としても、ますます重要なものとなるはずだ。

参照
文献

《文献》

◆ 綾部恒雄・桑山敬己「文化とは何か」綾部恒雄・桑山敬己（編）『よくわかる文化人類学 第2版』ミネルヴァ書房、2010、pp.6-7

◆ ウォーラーステイン、イマニュエル『入門・世界システム分析』山下範久訳、藤原書店、2006

◆ 川瀬由高『共同体なき社会の韻律——中国南京市郊外農村における「非境界的集合」の民族誌』弘文堂、2019

◆ 佐藤知久『フィールドワーク2.0——現代世界をフィールドワーク』風響社、2013

◆ 周達生『世界の食文化2 中国』農山漁村文化協会、2004

◆ 福岡伸一『最後の講義完全版 どうして生命にそんなに価値があるのか』主婦の友社、2020

◆ 松村圭一郎『これからの大学』春秋社、2019

◆ Miner, H. Body Ritual among the Nacirema. *American Anthropologist* 58(3): 503-507, 1956. DOI: https://doi.org/10.1525/aa.1956.58.3.02a00080

《映像資料》

◆ NHK 2009「NHKスペシャル ヤノマミ 奥アマゾン 原初の森に生きる」(2009年4月12日放送、NHK総合）

ブック
ガイド

梅棹忠夫『モゴール族探検記』
岩波書店、1956
日本において文化人類学が発展していく頃になされたフィールドワークの成果。「幻の民族」をもとめて探検していく過程の臨場感のある記述は、読者に異国の文化の香りを伝える。難しい理屈は出てこないが、思想がある。

2 環境問題に描く夢

バングラデシュの地域社会から

佐 藤 秀 樹

keyword

世界の貧困層

環境教育

SDGs

■ | バングラデシュとはどんな国？

　皆さんは、バングラデシュというと、どのような国だと想像するだろうか。「カレーを毎日食べる」、「イスラム教徒の国」、「土地が低く洪水などの自然災害が多発する」などのイメージを持つ人が多いのではないか。また、最近の出来事としては、2016年7月1日のダッカ・レストラン襲撃人質テロ事件で日本人7人を含む外国人・民間人20人が犠牲になったことや、2017年にミャンマー政府から迫害を受けた60〜70万人とも言われるロヒンギャ難民の問題が、国際的に取り上げられたニュースとして記憶に残っている人もいるだろう。

　バングラデシュの首都はダッカで、人口は1億6,555万人（2019年）、国土面積は14万7,000km^2（日本の約4割）と、1,000人／km^{2}を超える人口密度の高い国の一つである［外務省ホームページ］。主要産業は衣料品・縫製品産業、農業などである。バングラデシュは熱帯気候で、気温は25〜35℃ほど、主として4〜9月までの雨季と10〜3月頃までの乾季に分けることができる。

　バングラデシュは、依然として、アジアの中でも最貧国の一つである。農村部や都市部では、5人家族ほどで約3,000〜5,000タカ（3,600〜6,000円ほど）の収入で暮らす人たちが多く存在している。屋台でのカレー1杯が75〜150タカほど（100〜200円ほど）であることを考えると、生活していくことの大変さがわかる。

　同国政府は、経済発展を優先した開発を進めているが、貧困の課題は依然として根強く残っている。また、道路、橋の建設や企業活動が活発化する中、自然や生活環境などの環境問題もさまざまなかたちで起こっている。

　筆者は2013年1月から現在に至るまで、バングラデシュをフィールドとした草の根レベルでの環境教育活動やその調査研究を行ってきた。特に注目してきたのが、ユネスコ世界遺産（自然）のシュンドルボン（The Sundarbans）とその対岸で暮らす農村

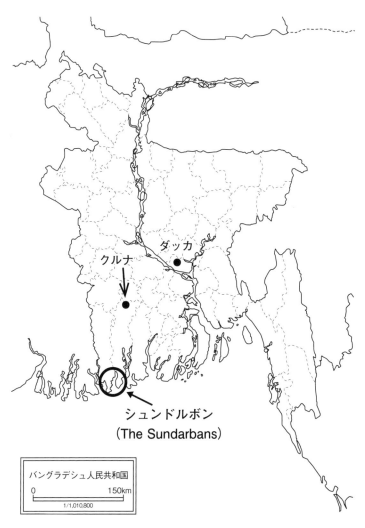

図 1　バングラデシュ位置図

出典：白地図専門店 https://www.freemap.jp/item/asia/bangladesh.html より転載・追記

住民、および同国で3番目に人口規模の大きいクルナ市（150万人）である（図1）。

　ここでは、バングラデシュを事例として、同国の抱える地球規模系、生活系や自然系に関する環境問題と人々の暮らしの視点から、現地をフィールドワークしてみる。また、小・中学生の自然環境をテーマとした絵画、バングラデシュの大学生の考える環境問題や筆者のバングラデシュにおけるSDGs達成へ向けた展望の紹介から、開発途上地域における経済の発展と環境保全の両立を図ることの難しさなどについて理解を深めてもらうことを期待したい。

2 │ 地球規模系での環境問題

　バングラデシュの国土面積の9割以上は、海抜が低いデルタ地帯に位置していることから、雨期になると河川の氾濫や家屋への浸水が、農村部や都市部で大きな課題となっている。近年は、サイクロンの直撃を受ける回数や、局地的な大雨による洪水、家屋が浸水するケースが多発している（写真1）。

　これらは、温暖化による気候変動との関連など、地球規模での環境問題と直接関係している。自然災害に備えるためにも、防災施設の建設に加え、意識を高めるための個人やコミュニティレベルでの防災対策が、ますます必要となっている。

　また、建設資材用のレンガ製造工場からの煤煙も、地球温暖化に影響を与えている（写真2-1, 2-2）。バングラデシュの街の中を歩いていると、必ずと言ってよいほど目に飛び込んでくるものがある。それは、レンガである。レンガは、家、ビル、塀や道路などに多用され、欠かすことのできない資材の一つである。この国では石・砂利の採掘できる場所や河川は極めて少なく、ほとんどの建築では粘土を材料としたレンガが使用されている。

　首都ダッカの場合、半径25km圏内にレンガ製造工場が約1,200

写真I　2020年5月にバングラデシュを襲ったサイクロン・アンファン（Amphan）
提供：バングラデシュ環境開発協会

箇所存在するとのことである。レンガ産業は同国GDPの1％に
寄与し、100万人の雇用を生みだす産業となっている［JICAほか
2014］。

　レンガ製造工場は、借地料の安い都市郊外に多く位置し、黒
い煙が立ち上る煙突を数多く見ることができる。この国は低地
が多く、雨季になると雨水の浸水や洪水などで、工場の稼働で
きる時期が限られている。そのため、乾季の半年ほどの間に働
く労働者が多くなる。

　レンガ造りの全工程は、ほとんどが人の手によって行われる。
粘土を型枠に入れて型をとる人、レンガを焼く人、焼いたレン
ガを運ぶ人。頭に10個以上のレンガを載せて汗だくで運ぶ。子
どもや女性も同様に働いている。

　給料は歩合制が基本となっている。たとえば、何往復レンガ
を運んだかで給料が支払われる仕組みになっており、これは彼
らがレンガ工場で働くためのインセンティブの一つとなってい

写真 2-1（上）・2-2（下）　レンガ工場の様子（クルナ市）
提供：バングラデシュ環境開発協会

るようだ。労働者の給料は、約100〜120タカ（120〜150円ほど）／日で、労働時間は10〜12時間ほど／日が平均のようだ。ちなみに、粘土レンガは8タカ（10円）程度の値段で取り引きされている。

レンガ産業はバングラデシュ国内における最大の温室効果ガス排出源であると同時に、年間350万トンもの石炭を使用し、レンガを焼く際に発生するガス、粉塵などが深刻な大気汚染の問題をもたらしている。特に、エネルギーをたくさん消費するタイプのレンガ製造窯が多く使用されていることが、石炭使用量の増加、そして温室効果ガス排出を増大させる要因となっている。

また、レンガ産業は年間4,500万トンの粘土を掘削しているため、毎年8万haの農地が減少していると言われている。さらに、製造工程で廃棄となるレンガの量が多く、その適正な処理も重要な課題となっている。

政府のクリーンなレンガ製造を目指した政策・法規制の制定により、エネルギー効率の良い窯の導入や、農地減少をもたらす粘土採掘に代わる、産業廃棄物などをレンガ材料にする技術の導入が進められている。

しかし、財源の制約や、環境に配慮したレンガ製造に携わることのできる人的資源不足が理由で、クリーンなレンガ製造が全国へ浸透していくには少し時間がかかりそうだ。この中で多くの労働者たちは、レンガを焼く際に発生するガス、粉塵による健康面へのリスク、長時間労働・低賃金などの厳しい労働環境の中での作業を余儀なくされている。クリーンで安全に働けるレンガ製造工場へ改善していくことが求められる。

❸ | 生活系の環境問題

首都ダッカやクルナなどの都市部では、ごみ、生活排水によ

る汚染や自動車による大気汚染などの課題が深刻である。

　市内にあるごみの一時集積場では、ごみの散乱や異臭にハエが群がる状況が随所に見られる（写真3）。また、一日中、都市の中心部でインタビュー調査をしていると、大気の汚れで鼻の中が真っ黒になってしまう。長期で現場に滞在すると鼻毛が早く伸び、大気汚染の深刻さを感じる。

　また、バングラデシュでは、街のいたるところでごみのポイ捨てや不法な投棄が見られる。これは筆者の所感であるが、この国の人々は街の美化に努めるという意識がまだ低く、地域の清掃は市の職員が行うもので、住民同士が協力して清掃するという考え方は少ないのが現状であると思う。バングラデシュにおける主要な廃棄物管理の問題は、下記の4つが挙げられる。

①　廃棄物政策や法制度の不備。
②　脆弱な財政基盤による廃棄物処理に関わる機材の不足。

写真3　ごみ一時集積場周辺（クルナ市）
提供：バングラデシュ環境開発協会

③ 廃棄物管理に関わる市、住民やNGOなどとのコミュニケーションおよび連携が不十分。

④ 廃棄物管理、公衆衛生などを含む環境教育（ごみ教育）が十分に行われていない。

　筆者の現地協働団体であるバングラデシュ環境開発協会（Bangladesh Environment and Development Society、以下、BEDS）は、廃棄物教育をテーマとしたワークショップ（以下、WS）を職員同士で開催した（写真4）。筆者は、WSにてファシリテーター（進行役）を務めた。

　BEDS職員同士によるWSでは、「地域社会を対象として、どのような環境教育のやり方を導入すれば、廃棄物管理の問題を解決へ導けるのか」をテーマに意見交換（グループごと）を行った。集約された主な意見は次の通りである。

●WSでの主な意見：

・ エコバックの使用やビニール類は利用しないなど、ごみ削減に焦点を当てたプログラムの導入。

・ ごみに関わる人たちが連携した地域における定期的な清掃活動の実施（地域住民、学校、企業、NGO、大学などの専門家、ごみ回収人、市役所など）。

・ カードゲームや体を動かしてごみ問題を学習できる体験型の環境教育教材やプログラムの開発・実施。

・ ごみ拾い競争やごみに関わる絵画コンテストなどを導入した環境イベントの定期的な開催。

・ ごみ管理をモニタリングする地域住民による環境保全グループの結成。

・ ごみポイ捨て禁止の看板設置。

・ 自治会の会議などで、地域住民がごみのポイ捨て禁止の周知徹底を図るよう働きかける。

・ 政治的な力のあるリーダーと定期的な意見交換を行い、廃棄物政策レベルで環境教育の重要性をアピールする。

写真4　ワークショップの様子
提供：日本環境教育フォーラム、佐藤秀樹

　WS の結果から言えることは、廃棄物管理に関わるさまざま
な関係者を巻き込んだ、廃棄物教育の重要性である。また、ご
みというものを通じて楽しむことのできる体験型のコンテスト・
イベントの要素を盛り込む必要性や、住民が廃棄物管理に関し
てお互いに働きかけるための組織化、そしてコミュニケーショ
ンをとることも不可欠な取り組みの一つと言える。

　ごみと言うと、どうしても汚いイメージがあり、あまり関わ
りたくないというのが人間誰しも感じることではある。しかし、
ごみの排出は私たちの現代生活において必然的に生じるもので
あり、逃れることができない地域の環境課題の一つである。住
民がごみ問題に対して積極的に関わっていけるよう、NGO は
そのプラットホームを関係者と連携し、構築する役目を担って
いく必要がある。

　生活系の環境問題は、自分たちの日常生活と直接関係してい

ることを住民が理解し、行政、企業や市民が連携して適切な行動を起こすための環境教育を通じた意識改革が、今後の大きなカギとなる。

４ ｜ 自然系の環境問題

　バングラデシュで唯一のユネスコの世界自然遺産であり、ラムサール条約サイトにも登録されているシュンドルボンは、首都ダッカから南西方向に位置している。シュンドルボンは、バングラデシュとインドの両国にまたがり、約100万haにおよぶ世界最大の天然マングローブ林と湿地帯が存在する。このうち、バングラデシュ側には約60万haのシュンドルボンが広がっている。バングラデシュ政府（2019年）の統計によれば、同地域の象徴的な動物であるベンガルタイガーは114頭ほどとなっており、その減少は密猟などの人為的要因が大きく影響していると言われている。

　同地域周辺で、住民は世界自然遺産と隣合わせで生活し、農業、漁業や林業などの自然の営みを通じた人と自然との共生が求められている。しかし、住民の漁法のあり方や自然資源の利用が適切ではない。たとえば、捕獲が禁止されている区域で換金性の高いイルカやカメを密漁することや、食事の煮炊きに使用する燃料を確保する目的でマングローブ林の過剰な伐採が行われるなど、無計画な資源の搾取が課題となっている。また、エビの養殖場の拡大にともなう森林の減少や、集約的なエビ養殖では化学的な人工飼料および薬品を多用するため周囲の自然環境への汚染につながる。そして、養殖池が持続的に使えなくなり、そのまま放置されるという結果を招く。さらに、農家による農薬や化学肥料の多用などは、生態系や人間の健康への影響も懸念されている。

　バングラデシュでは農業、漁業や林業などの第一次産業に従

写真5　シュンドルボンのアクシスジカ（Axis axis）
提供：バングラデシュ環境開発協会

事して生計を立てている人が多いため、農家や漁師などの環境
への意識を向上させていくことが、国の自然環境を保全してい
く上でも、極めて重要である。

　自然環境の悪化が進むなかでも、シュンドルボンには豊かな
生物多様性が残されている（写真5）。次に紹介する2つの絵画は、
シュンドルボンの対岸に接する村に暮らす小・中学生らが、地
域の自然環境や自然観察路をテーマに描いたものである。

　Kultoli Government小学校の生徒3名は、かれらの住むDakkin
Kadamtola村から船で15分ほどに位置するツーリストスポット
周辺の様子を描いた。絵画のなかの矢印は、自然観察コースを
示している（写真6）。

　次は、Munshiganj中学校の生徒6名により描かれた、
Kalagachiaエコツーリズムセンター周辺の様子である。矢印は
自然観察コースを示す（写真7）。

　2つの絵をみると、川、緑や樹木（主としてマングローブ）が多く、

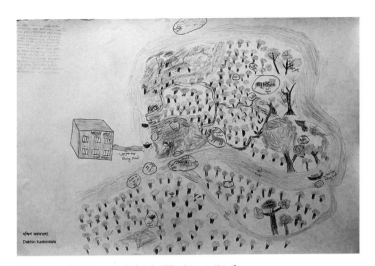

写真6　バングラデシュの小学生たちが描いたシュンドルボン
提供：バングラデシュ環境開発協会

写真7　バングラデシュの中学生たちが描いたシュンドルボン
提供：バングラデシュ環境開発協会

自然豊かな場所であることが想像できる。どちらの絵にも描かれているベンガルタイガーは、めったに遭遇することはないが（遭遇したらたいへん危険である!）、シュンドルボンを象徴する野生動物の一つである。

巨大なワニ、シカ、ヘビ、サギのほか、さまざまな種類の魚やカニなども生息し、その多様性がみてとれる。ここは、森の中で天然蜂蜜がとれることでも有名で、蜂の巣も描かれている。

シュンドルボン地域と対岸に接している住民は、350万人くらいと推定されている。その多くは漁師で、シュンドルボンの自然が生み出す、豊かな漁場の恩恵を受けながら生活している。

この素晴らしい自然を後世に残していくために、小・中学校の子どもたちが地域の自然環境保全に大きな役割を果たすことは間違いない。次世代を担う若い人たちが、この豊かな自然環境を残していけるよう、シュンドルボンの生物多様性保全を題材とした、教材開発や普及啓発の活動がますます求められる。

皆さんも、この絵をご覧いただき、バングラデシュの小・中学生が描いたシュンドルボンの豊かな自然の醍醐味を感じていただければと思う。

5 | 大学生の考える環境問題

バングラデシュの国立大学の一つであるクルナ大学の環境科学学科に在籍している学生2名に書いてもらった、「国内の環境問題の現状や彼らの将来の夢」に関する作文を紹介する。この国でも徐々に環境問題へ切り込んでいける将来の頼もしい環境リーダーが育っている。

Aさん（女性）

　昨今のバングラデシュの主な環境問題としては、「車・三輪バイクや工場などの増加による大気汚染」、「地下水の砒素汚染や塩水の影響による飲料水の不足」、「ごみ増加による廃棄物管理・処理の問題」などが挙げられる。

　これらの主な原因は、急激な人口増加や自然資源の搾取という人為的な活動によるものである。環境問題の緩和や、持続的な資源の利用という観点からも、適切な環境計画・管理によるアプローチが重要である。

　政府が環境マネジメントに関する詳細な政策、法律を定め、それらをきちんと機能させる必要がある。企業は政府の方針を遵守し、大気、水、騒音、ごみなどに対してしっかりとした環境対策・技術を施し、それをモニタリングするための体制整備や、環境保全を図るための社員教育が求められる。

　政府、企業をはじめ、市民も含めた環境問題に関わる様々なステークホルダー参加による協働の保全活動が、今後のバングラデシュの環境問題を緩和していくためには必要な行動の一つとなるであろう。

●私の将来の夢

　環境分野を学ぶ学生として、環境にやさしい社会を創るために住民と何をしていくべきなのか、深く考えさせられると共に、その責任を感じている。

　私の将来の夢は、自然環境を修復するお医者さんになり、汚染をなくして環境保全に貢献することである。そのため、自分の環境団体を立ち上げ、草の根レベルにおいて住民と地域の環境問題やその解決策を考える研修会・ワークショップ等を行いたいと考えている。

　例えば、バングラデシュの農村部では、食事の煮炊きの燃料として薪を利用する場合が多く見られる。木の伐採を減らして自然を守るため、少ない薪でも燃料効率の良いエコクッキングストーブを開発・普及して、地域の自然資源の適切な利用と住民の生活改善を図るための活動をしていきたいと思っている。

　次世代の子どもたちへの環境教育も重要であるため、キャラクターや紙芝居などを活用して彼らの興味を引き付けるための仕掛けに工夫しながら、進めたいと考えている。

Bさん（男性）

　バングラデシュにおける環境問題は、近代化と共に始まった。1971年に独立したこの国は、人口増加や都市化などにより、「水質汚濁」、「大気汚染」、「廃棄物処理」、「森林伐採や生物多様性の損失」、「土壌劣化」などの環境問題を引き起こしてきた。

　特に、ごみ集積場における廃棄物の増加や、道路、河川、空き地などでの不法投棄によりあふれるごみの山は、悪臭を放ち市の公衆衛生や景観を著しく害している。また、都市部の著しいごみの増加は、降雨時に下水や排水路を詰まらせてしまう主要な原因となっている。

　さらに、病院や診療所から排出される使用済の注射針や医療器具の医療ごみが無防備なまま、市内のごみ集積場などに廃棄されているケースもあり、我々の日常生活と密接に関連しているごみ問題について取り組んでいくことは重要だと感じている。

　実際、バングラデシュの環境問題を解決していくためには、次のような視点や取り組みが必要だと思う。

・　環境問題の多くは、人為的活動により引き起こされていることを住民へ認識させる。

・　地理情報システム（GIS）、リモートセンシング、環境影響評価などの技術的な方法を駆使して、環境問題の現状把握・モニタリング・予測を行う。

・　研修会やワークショップを開催し、我々のような環境分野を学ぶ大学生が中心となって、積極的に環境保全の重要性を普及啓発する教育活動を展開する。

・　環境に関する政策、法律や罰則規定を強化する。

●私の将来の夢

　私の将来の仕事としては、環境に関する法律の強化やその遵守徹底に貢献できるよう、環境マネジメントに関わる部分を担っていきたい。

　さて、ここまででは、バングラデシュの地球規模系、生活系、自然系の環境問題を現地の視点からフィールドワークしてきた。皆さんであれば、これら3つのそれぞれの領域の環境問題や人々の暮らしを改善していくために、地域社会の中でどのような環境学習の内容を行うと効果があるだろうか。3つの各領域（地球規

模系、生活系、自然系の環境問題）について、表1のワークシートの
項目に沿って考えてみよう。

　ここでは、生活系の環境問題の一つの例として、「生ごみの堆
肥化とは?」という視点から、ごみの適切な知識を持つための
環境学習の内容を取り上げている。

表 1　ワークシート　　　　　　　　　　　　　　　　　出典：佐藤秀樹

対象	内容	方法	学習目標
●生活系			
例）小学生	ペットボトルを使用した生ごみ堆肥づくり	実験・観察	ペットボトルを使用して生ごみの分解プロセスを視覚的に検証することで、生ごみコンポストづくりの仕組みを学習する。
●地球規模系			
●自然系			

貧しい人たちの生活改善
（ごみ拾いをして暮らす人たち）

水と衛生の持続的な利用・管理
（安全・安心な飲水をくみに長い道のりを歩く女性）

環境に配慮した農法による持続可能な
農業生産の確立（在来種の野菜栽培）

安価で信頼のおける近代的エネルギーへの
アクセスの確保
（家畜排せつ物を燃料とした調理への利用）

健康的な生活の確保と福祉の推進
（レンガ工場から排出される煙）

人間らしい雇用の促進
（レンガ工場の労働者）

包摂的かつ公正な質の高い教育の提供
（ごみ拾い人への識字教育）

人に豊かさをもたらす質の高い強靱なインフラ
基盤の整備（洪水や暴風から地域を守る
マングローブ林によるグリーンインフラ）

女性の能力強化の促進
（漁師の女性によるマングローブピクルスの開発）

国内の所得格差などの是正
（エビ加工工場で働く女性）

安全な生活環境の提供による人間居住空間の
実現（生活排水施設の未整備）

森林や陸域生態系の保全
（マングローブ植林）

継続可能な生産消費の形態の確保と管理
（エビ需要を満たすために拡大を続ける
エビ養殖場）

平和で包摂的な社会の促進
（2016 年 5 月 22 日「生物多様性の日」
における地域での普及啓発活動）

自然災害への適応力の強化
（サイクロン・アイラ、2009 年）

さまざまなステークホルダーによるパートナーシップ
（市役所、大学、医師、ジャーナリスト、住民、
NGO による廃棄物管理委員会の結成）

持続可能な海洋資源の管理と利用
（小エビ漁）

図 2　筆者の考えるバングラデシュの SDGs 達成へ向けた 17 の課題

出典：バングラデシュ環境開発協会、日本環境教育フォーラム、佐藤秀樹

6 地域社会と SDGs

　バングラデシュでの気候変動、廃棄物、生物多様性などに関わる環境問題は同国の社会・経済や人々の生活と密接な関わりを持っており、分野横断的な視点からその解決へ向けたアプローチを考えていく必要がある。

　その切り口の一つとして考えられるのが、皆さんもご存じの、国連が2030年までの未来に向けて定めた17の国際目標「Sustainable Development Goals: SDGs（持続可能な開発目標）」である。持続可能な開発とは、将来の世代がそのニーズを充足する能力を損なわずに、現世代のニーズを満たす開発のことである。これを推進させるためには、「経済発展」、「市民参加」、「環境保全」という3つの主要素を相互に調和させることが不可欠である。

　これまで筆者がバングラデシュでの実践的な活動や現場踏査から把握した環境、社会、経済の主な課題やその解決へ向けての取り組みの写真を使い、SDGs の17の目標と結び付けてみた（図2）。最貧国の一つと言われるバングラデシュの人々の生活とSDGsの17の目標との関連性から、同国の地域社会の現状、課題と、バングラデシュをはじめとした開発途上国と私たちの暮らしとのつながりについても考えてもらいたい。

付記
本稿は、公益社団法人日本環境教育フォーラムが出版する会報誌『地球のこども〜バングラデシュ現地からの環境レポート』（2016年7・8月号、9・10月号、11・12月号、2017年1・2月号、3・4月号、5・6月号）、および、『地球のこども〜開発途上地域（アジア）の地域デザイン』（2018年1・2月号）の各号に、筆者が寄稿した記事に加筆・修正したものである。

参照文献

《文献》

◆ 国際協力機構(JICA)・亀井製陶・アルセド『バングラデシュ国 無焼成固化技術を使ったレンガ事業準備調査(BOPビジネス連携促進)報告書』国際協力機構・亀井製陶・アルセド、2014年1月

《ウェブサイト》

◆ 外務省　2020.9.14.「バングラデシュ人民共和国 基礎データ」外務省ホームページ https://www.mofa.go.jp/mofaj/area/bangladesh/data.html#section1（2020年11月29日閲覧）

ブックガイド

長田華子『990円のジーンズがつくられるのはなぜ?──ファストファッションの工場で起こっていること』
合同出版、2016
世界の縫製工場ともいわれるバングラデシュ。2013年4月24日に縫製工場の入る商業施設ビルが倒壊し、1,138人の死者を出したラナプラザの事故はどうして起きたのか。長時間で低賃金の劣悪な労働環境の実情を探究しながら、ジーンズを安い値段で入手できる理由と私たちの暮らしとのつながりを考える。

3
地域をつくる
パートナーシップ

千葉県流山市における鉄道事業者の戦略的提携

大塚良治

keyword

関係人口

鉄道

ステークホルダー

■1 | シティプロモーションからプレイス・ブランディングへ

　日本は人口減少局面を迎え、各地域では定住促進、観光振興のほか、地域に積極的な関わりをもつ「関係人口」と呼ばれる地域外の人材を獲得することの重要性が高まっている。当該地域に関わる人を増やすことが、地域活性化に向けた一つの大きなカギとなるのである。

　関係人口を増やす手法として近年注目を集めているのが「シティプロモーション」と呼ばれる活動である。シティプロモーションとは、地域住民の愛着度の形成、自らの地域のイメージ向上、および経営資源の獲得を目指して自治体によって行われる総合的な活動であり［シティプロモーション自治体等連絡協議会ホームページ］、地域再生、観光振興、住民協働などさまざまな概念が含まれている用語である。

　一方海外では、「都市政策」を起源として、都市の対外的なイメージ向上を目指す「プレイス・プロモーション」、「観光」を端緒として、観光客を観光地へ誘致するマーケティングである「デスティネーション・マーケティング（観光地マーケティング）」、そして「マーケティング」から発展した「プレイス・マーケティング」がともに「プレイス・ブランディング」に収束したとする学術研究もある（図1）。「プレイス」は「場所」という意味で、人の集団や組織などが立地する空間という意味合いを含んでいる。「プレイス・ブランディング」は都市の対外的な知名度を高める「プレイス・プロモーション」のみならず、地域固有の観光資源の魅力向上を図りつつ対外的に魅力を発信することで持続可能な地域づくりを目指す「デスティネーション・ブランディング」や、大型商業施設の誘致と対外的な知名度向上や愛着形成を図る「リテールセンター・ブランディング」などを含む概念である。人口減少時代を迎えた日本の各地域にとって、「プレイス・ブランディング」の考え方の下、定住促進、観光を含む

産業振興を図りつつ、「関係人口」を増やして、持続可能な地域づくりに取り組むことの重要性はますます高まると予想される。

この章では千葉県流山市の事例から持続可能なまちづくりについて考える。流山市を取り上げるのは、筆者が勤務する江戸川大学が立地するという理由だけでなく、図1の「（広義の）プレイス・ブランディング」の各要素（「シティ・ブランディング」「デスティネーション・ブランディング」「リテールセンター・ブランディング」ほか）にバランスよく取り組み、発展につなげている点で注目に値する事例であるためである。次の節から早速流山市について見ていこう。

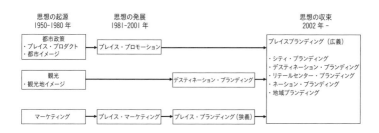

図1　プレイス・ブランディングへの発展過程

出典：［Kavaratzis, et al. 2015：Location No.612/6342, Fig. 2.2］を一部修正の上引用

2 千葉県流山市の概要と主な出来事

　流山市は千葉県東部の「東葛地区」に位置する人口約20万人の都市である。県内では松戸市、柏市、野田市と境界を接するほか、埼玉県三郷市と吉川市とも隣接する。流山市内では4つの鉄道路線の駅が利用できる。

千葉県流山市の概要（2020年12月1日時点）
市長：井崎義治
人口：199,500人
隣接自治体：松戸市、柏市、野田市、埼玉県三郷市、同吉川市
鉄道・駅数：首都圏新都市鉄道常磐新線（つくばエクスプレス：TX）
3駅、東武野田線4駅、流鉄流山線3駅、東日本旅客鉄道（JR東日本）
武蔵野線1駅
主な産業：みりん製造
市役所の所管部局：
　定住促進＝総合政策部マーケティング課
　観光振興＝経済振興部流山本町・利根運河ツーリズム推進課
　交通計画＝まちづくり推進部まちづくり推進課
（出典）流山市役所ホームページなどをもとに大塚作成

　1890年に利根運河が完成して以来舟運で栄え、流山市には一時期葛飾県庁が置かれた。鉄道の発達に伴い1941年に舟運航路が廃止され、翌年には利根運河株式会社も解散した。第二次世界大戦後は住宅都市としての歩みを進めることとなる。1950年代以降、江戸川台や松ケ丘を中心に住宅開発が行われ、柏市や東京都区部などへの通勤・通学者が住むベッドタウンとなった。1973年4月1日には日本国有鉄道（現・東日本旅客鉄道：JR東日本）武蔵野線南流山駅が開業した。

　流山市にとって大きな転換点となったのが、2005年8月24日の首都圏新都市鉄道常磐新線（つくばエクスプレス：TX）開業である。流山市と秋葉原が30分圏内で直結され、対都心の交通アクセス

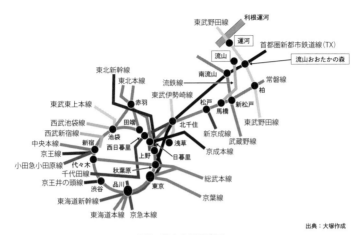

出典：大塚作成

図2　流山市周辺略図

　が大きく向上した（図2）。首都圏新都市鉄道と東武鉄道はTX開業日に野田線初石駅−豊四季駅間のTXとの交差部に流山おおたかの森駅を開設し、両線の乗換駅とした。TX開業に向けたまちづくりの誘導も行われ、流山市と共同利用街区の地権者による「センター地区まちづくり協議会」が、大規模商業施設の事業者公募を実施した結果、2007年3月12日に高島屋グループの東神開発株式会社により大型商業施設「流山おおたかの森S・C」が流山おおたかの森駅前に開業した。この事例は、持続可能な地域づくりを進める方法の一つである「リテールセンター・ブランディング」が実行され、成果を挙げている好例と言える。

　2003年4月に流山市長に就任した井崎義治氏は、SWOT分析（これについては後で説明する）、ポジショニング、ターゲットの整理などのマーケティング戦略を実施し、市役所総合政策部の中にマーケティング課を設置した［梅咲2013］。同課の主な業務は、市の知名度アップ・イメージアップを図るとともに市のブランド化を推進するためのPR、都市間競争を意識した情報を発信することにより、子育て中の共働きファミリーの定住化を促進する

活動、そして魅力あるイベントを実施すること、の3点である（詳細は流山市総合政策部マーケティング課ホームページを参照のこと）。

　井崎氏がまず力を入れたのは、定住人口増加を目指したまちづくりである。同氏は、2005年8月のTX開業により都心への所要時間が20〜25分に短縮されたことによって生まれた強みを生かす施策を次々と打ち出した。TXが通る流山市内には、武蔵野線との接続駅である南流山を含む3駅が設置された。特に、流山市内に設置される他の2つの駅については「流山運動公園」と「流山中央」の駅名になる予定であったところ、首都圏新都市鉄道から駅名決定の確認があったことを好機として、「流山おおたかの森」「流山セントラルパーク」を提案し変更を実現した。

　そして、都市のイメージとして「都心から一番近い森のまち」というコンセプトを掲げた。さらにDEWKs（Double Employed With Kids：共働きの子育て世帯）をメインターゲットに設定し、「母になるなら流山市」というキャッチフレーズもPRして、「千葉の二子玉川」を目指した定住人口政策を推進した。流山おおたかの森駅や隣接する柏市内の柏の葉キャンパス駅前に大型商業施設や高層マンションなどが整備されたことが、流山市内のTX駅周辺の人口増加を後押しした。TX開業後、流山市の定住人口（常住人口）は右肩上がりの上昇曲線を描いてきた。井崎氏が流山市長に就任した初年度（2003年度）の人口150,703人から2020年12月の人口は199,500人となり、人口は32.4％も増加した。少子高齢化による人口減少の危機にあった状況に対して、TX開業を好機ととらえ、マーケティング的手法による積極的な市のPRに努めて、逆に人口増へと転じたのである。

　しかし、2018年3月に公表された『次期総合計画における将来人口推計 調査報告書』では、同市の人口は2027年までは増加するものの、その後は緩やかに減少するとの予想が記されている。

　流山市内には、中小私鉄の流鉄もある。TX開業後、流鉄の輸

送人員は減少傾向にある。流鉄は旅客輸送と流山中心部で生産されるみりん輸送を担う目的で流山軽便鉄道として1916年に開業し、1924年の1,067㎜狭軌への改軌を経て、常磐線経由で流山中心部と東京都区部などをつなぐ役割を果たしてきた。流山市役所が立地する流鉄の流山駅周辺が本来の市の中心部であるが、「流山おおたかの森Ｓ・Ｃ」開業などもあって、流山おおたかの森駅周辺が流山市の新たな拠点となった。その結果、流山駅周辺の旧市街と流山おおたかの森駅周辺の新市街の2つの市街地が併存することとなった。このことは市の一体感維持という観点から課題を残しているばかりでなく、TX沿線とそれ以外の地域の人口推移の乖離の発生を招いた。また、旧市街と新市街の交流は希薄で、流山市全体の回遊性を高めることも大きな課題と言える。

❸ │ 千葉県流山市の観光資源と観光まちづくりの可能性

　先述の課題を踏まえて、持続可能な流山市を実現するための方策を考えていきたい。まずは流山市を取り巻く現状を理解することが重要である。自治体のような組織を取り巻く状況を整理し、現状を理解するには、「SWOT分析」を用いることが有用である。SWOT分析とは「Strength（強み）」「Weakness（弱み）」「Opportunity（機会）」「Threat（脅威）」という4つの観点から、組織内部の経営環境と組織を取り巻く外部の経営環境を分析するフレームワークである。SWOT分析では、内部の経営環境を「強み」と「弱み」、外部の経営環境を「機会」と「脅威」で表す［鈴木 2020］。SWOT分析は、内部要素と外部要素という軸と、プラス要素（好ましい傾向）とマイナス要素（好ましくない傾向）という軸の2つの軸で組織の現状を表現する。ここで「強み」と「機会」はプラス要素、「弱み」と「脅威」はマイナス要素として整理することができる。

流山市のSWOT分析の例を示すと、図3の通りとなる。

　図3に即して流山市のSWOT分析の各要素を見てみよう。

　まず「強み」では、「TXで秋葉原と直結」「産業遺産、伝統的な街並み等の観光資源」「流山おおたかの森駅前の大型商業施設」「鉄道ファンに人気の中小私鉄流鉄」を挙げている。秋葉原駅までTXで30分圏内に位置し、自然環境や観光資源にも恵まれた流山市は、定住の地としての強みがある。観光資源とは、観光客および来訪者の両方が特に魅力を感じる、自然立地・自然物、または建造物のことであり、博物館と史跡、動物園と水族館、および公園と自然・生物保護地域といった遺産資源が該当する［Cook et al. 2017：243］。流山駅周辺には「切り絵行灯が灯る江戸風情の町並み。白みりん発祥の地」としてPRしている流山本町の街並み、流山キッコーマンの「流山本町まちなかミュージアム」、新撰組流山本陣、一茶双樹記念館、江戸川土手などの観光資源がある。流山本町の伝統的な街並みは、格好のまち歩きスポットとなる。また、流鉄は、昔ながらの有人改札や単線といったローカル情緒あふれる鉄道である。各駅の窓口では厚

		プラス要素	マイナス要素
内部要素		強み（Strength） ・TXで秋葉原と直結 ・産業遺産、伝統的な街並み等の観光資源 ・流山おおたかの森駅前の大型商業施設 ・鉄道ファンに人気の中小私鉄流鉄	弱み（Weakness） ・流山駅周辺と利根運河を直結する公共交通機関がない
外部要素		機会（Opportunity） ・テレワークの定着	脅威（Threat） ・地域間競争の激化 ・将来の人口減少予測 ・ライフラインの老朽化

図3　流山市SWOT分析の例

出典：大塚作成

写真1　流山駅

紙の乗車券を購入することが可能で、鉄道ファンの人気を集めている。特に、流山駅（写真1）は1998年10月に第2回「関東の駅百選」に選定された。流鉄は単なる交通機関という存在を超えて、流山市の魅力を構成する観光資源である。そして、市の北部には利根運河がある。利根運河は柏市・流山市・野田市を結ぶ約8.5kmの運河で、1888年にオランダ人技師ムルデルの設計により起工され、1890年に竣工した。かつては年間2万隻あまりの船が通航し、関東水運の要であったという。その後陸上交通の発達などによりその役割を終えた利根運河であるが、2007年に経済産業省の「近代化産業遺産」に指定されるなど、遺産としての価値が認められている。こうした事実をさらにPRして、産業観光スポットとして利根運河をさらに集客の核とすることも可能であると考えられる。そして、利根運河の遺産としての価値はもとより、風光明媚な水辺の景観も、観光誘客に活用できる。

そして、これらの遺産資源のほかにも、観光客やその他の訪問者はライブ・エンタテインメントの興行やテーマパークにも足を運ぶ。そして、ショッピングも旅行の大きな目的となりうる［Cook et al. 2017：243］。TX開業に合わせて開業した「流山おおたかの森S・C」は定住促進のみならず、広域からの集客の有力な観光資源にもなっている。流山市では、市内の観光資源を訪問した後に、買い物や食事などを楽しむために「流山おおたかの森S・C」へ移動するコースが考えられる。このように、流山市が観光まちづくりを進めるうえで観光資源が豊富な点は大きな「強み」である。

　「弱み」としては、「流山駅周辺と利根運河を直結する公共交通機関がない」点を挙げた。それぞれの地区の回遊性を高めるための交通体系の整備が課題である。

　「機会」としては、「テレワークの定着」を挙げた。2020年に入りコロナ禍が日本でも深刻化し、東京都外へ移住する動きが発生した。コロナ禍に伴うテレワークの定着で、郊外都市にとっては定住人口を獲得する好機になり得るが、都内の職場への通勤を考えると、通勤の利便性と自然環境の豊かさの両方を兼ね備えた地域が移住先として選ばれやすくなると予想され、そうした点で流山市にとっては好機となり得る。

　「脅威」としては、「地域間競争の激化」「将来の人口減少予測」「ライフラインの老朽化」を提示した。各自治体は生き残りをかけて、定住促進や観光客の誘致、関係人口の獲得などを競い合っている。流山市の人口はこれまではTX開業を機に右肩上がりの増加を果たしてきたが、TX沿線外のみならず、TX沿線地域でも将来的な人口減少は避けられないと予想されている。人口が減少すると、住民税収や上下水道料金収入も減少する。そうなると、行政サービスの低下や上下水道などライフラインの維持の困難等を招来する懸念がある。

　「弱み」は組織の努力で克服可能である。それに対して、「脅

威」は外部環境要因のため組織では克服することは著しく困難または不可能な要素ではあるが、「脅威」に対する打ち手を講じることは可能である。つまり、「脅威」を克服しようとするのでなく、「脅威」が顕在化した時に備えて、組織にもたらされるマイナス要素をカバーする方策をあらかじめ打ち出して対処するのである。流山市の場合は、「強み」である豊富な観光資源を活用した観光振興を通じて市内の消費額を増やすこと、および関係人口の獲得により地域活性化と観光振興を推進することが「脅威」が顕在化した際のマイナス要素をカバーすることにつながるだろう。

実際、流山市では、観光資源を活用してTX沿線以外の地域に人を呼び込む取り組みが行われている。詳しくは後述するが、流山市の観光まちづくりに沿線外の学校の生徒・学生を参画させることによる仕組みづくりで関係人口を増やす方策を提案したい。

観光誘客は、公共交通の充実度合いにも左右される。また、観光で訪れた人たちに移住を促す機会も生まれることを考えると、観光まちづくりを推進することは重要であり、多くの自治体が積極的に推進することも理解できる。この点を踏まえて流山市役所を見ると、定住促進、観光振興、そして交通計画が3つの部局に分かれていることに気が付く。すなわち、定住促進は総合政策部マーケティング課、観光振興は経済振興部流山本町・利根運河ツーリズム推進課、そして交通計画はまちづくり推進部まちづくり推進課がそれぞれ所管している。流山市役所の観光の所管部局は、経済振興部流山本町・利根運河ツーリズム推進課である。流山市観光協会の事務局も同課内に設置されている。同課の主な業務は、流山本町・利根運河地区の観光に関すること、観光資源の開発、保全及び宣伝、およびその他観光及びツーリズムの推進、の3点である（詳しくは、流山本町・利根運河ツーリズム推進課ホームページを参照のこと）。流山市の観光まちづくりを進める

うえでは、定住促進、観光振興、そして交通計画はそれぞれ密接な関係があり、市役所の3つの部局が定期的な情報交換を行う必要がある。それでは、流山市の観光まちづくりの核となり得るものは何か。それは、流鉄であると筆者は考える。

そこで次節では、流鉄について見てみよう。

４ 流鉄の概要と沿革

流鉄は1916年に沿線住民等の出資により「流山軽便鉄道」として設立された。現在の事業内容は、鉄道業と不動産業である。流鉄は当初、旅客輸送とみりんに関わる貨物輸送を担った。その後、1977年4月に貨物運輸営業を廃止し、鉄道事業は旅客専業となった。2007年4月に親会社であった総武都市開発株式会社が民事再生法の適用を申請した後、2008年8月より会社名を「総武流山電鉄株式会社」から「流鉄株式会社」へ、路線名を「総武流山線」から「流山線」へそれぞれ改称している。

流鉄株式会社概要（2020年3月31日現在）
会社名：流鉄株式会社
所在地：千葉県流山市流山1丁目264番地
設立：大正2年（1913年）11月7日
資本金：3,800万円
事業内容：鉄道業、不動産業
民鉄協加盟有無：未加盟
IC乗車券導入：未導入
財務状況：
　（貸借対照表）資産合計18.57億円、負債合計13.70億円、純資産合計4.86億円（自己資本比率26.1%）
　（損益計算書）鉄道営業収益3.29億円、鉄道事業営業損失0.97億円、付帯事業営業収益1.76億円、付帯事業営業利益1.03億円、全事業営業利益644万5千円、当期純利益181万4千円
路線データ：流山線：馬橋－流山 5.7km（6駅）、全線電化単線（直流1,500V）

（出典：流鉄ホームページをもとに大塚作成）

```
流鉄株式会社沿革
1913年7月      鉄道敷設免許
1913年11月     流山軽便鉄道株式会社設立
1916年3月      営業開始（軌間762mm）
1922年11月     流山鉄道株式会社へ改称
1949年12月     電化
1951年11月     流山電気鉄道株式会社へ改称
1967年5月      流山電鉄株式会社へ改称
1967年7月      小金城趾駅に列車交換設備新設
1971年1月      総武流山電鉄株式会社へ改称
1971年5月      馬橋駅に専用ホームを新設し、国鉄ホームから分離
1977年4月      貨物運輸営業廃止、流鉄松戸ビル竣工
1998年10月     流山駅が第2回「関東の駅百選」に認定
2003年4月      自動列車停止装置（ATS）使用開始
2008年8月      会社名を流鉄株式会社へ、路線名を流山線へそれぞ
               れ改称
2009年6月      昼間時間帯のワンマン運転開始
2010年1月      終日ワンマン運転開始
2013年3月      ホームページ開設
2013年6月      「流鉄流山線一日フリー乗車券」発売開始

（出典：流鉄ホームページより抜粋の上引用）
```

　流山線は馬橋－流山間5.7kmを結び、馬橋駅で常磐線、幸谷駅で武蔵野線および常磐線と乗り換え可能であるほか、鰭ヶ崎駅から約0.9kmの距離に武蔵野線南流山駅が立地する。さらに、2005年8月24日のTX開業に伴い、流山駅から約1.3kmの立地で流山セントラルパーク駅が営業を開始した。

　流鉄はTX開業に伴い年間輸送人員・年間旅客収入ともに大きな影響を受けた（図4）。流鉄の年間輸送人員・年間旅客収入のピークはともに1993年度で、年間輸送人員は6,107,283人、年間旅客収入は6.88億円であった。TX開業の前年度の2004年度の年間輸送人員は5,014,705人で1993年度比−17.9％、同じく年間旅客収入は5.92億円で1993年度比−14.0％であった。しかし、TX開業初年度の2005年度の年間輸送人員は4,196,941人で前年

度比−16.3％、同じく年間旅客収入は4.92億円で前年度比−16.8％であった。TX開業が流鉄の営業成績にいかに大きなインパクトを与えたかがわかる。

　上記を踏まえて流鉄の財務状況を見ると、鉄道事業の営業損益は−0.97億円と赤字を計上しているのに対して、不動産を中心とする付帯事業営業損益は1.03億円の黒字を計上し、結果として全事業営業損益は644万5,000円の黒字決算となっている。旅客1人当たりの平均運賃収入を2018年度のデータから計算してみると、鉄道営業収益が約3.3億円、年間輸送人員が約289万人であることから、旅客1人当たりの平均運賃収入は115円（≒3.3億円÷289万人）となる。鉄道事業の損益均衡には単純計算で約84万3千人（≒−0.97億円÷115円）の年間輸送人員の増加が必要である。つまり、年間輸送人員約373万人で収支が均衡する計算となる。TX開業前は年間輸送人員約373万人を超えており、こうした点でもTX開業が流鉄の収支を悪化させたことが確認できる。

　一方、流鉄は流山市にとって重要な公共交通機関であるとともに、観光資源でもある。流鉄を未来にわたって残していくためには、収支の均衡を取り戻すことが大きな課題である。

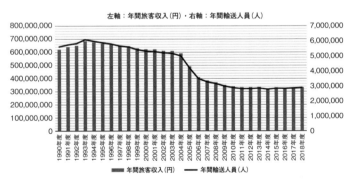

図4　流鉄年間旅客収入・年間輸送人員の推移

出典：千葉県『千葉県統計年鑑（各年度版）』をもとに大塚作成

5 | 流山市の観光振興と関係人口増加を実現するには

　鉄道事業者は、利便性確保や利用促進のため、他社と協定や業務提携を結ぶ場合がある。流鉄においても、他社とのパートナーシップを積極的に検討したいところである。そして、流鉄流山線とJR線または首都圏新都市鉄道の間での戦略的提携（それぞれの独立性を維持した上での協力関係）およびこれらの鉄道事業者と観光関係主体の間の戦略的提携を通して、鉄道活性化と流山市の活性化の両方を図りたい。

　ここで流山市と流鉄の活性化に向けた筆者の考えを示す。JR東日本と流鉄が戦略的提携を取り結び、JR主要駅で流山本町の観光PRを行うことができれば、流鉄流山線とJR線の利用促進にもつながる。JR東日本と流鉄の戦略的提携の方策としては、たとえば、流鉄がJR東日本株式を購入するとともに、両線の利用促進に向けて協働する方策が考えられる。流山市と流鉄の活性化のためには観光振興の視点を踏まえて、鉄道利用を前提とした観光地の魅力向上に取り組むことが重要である。鉄道事業者間および鉄道事業者と観光関係主体の間で戦略的提携を締結することが鉄道ネットワークの持続的運営、および流山市の活性化につながると考えられる。

　以上、本章では、千葉県流山市の観光まちづくりの事例から持続可能なまちづくりのあり方を考えた。冒頭でも述べたが、流山市は「（広義の）プレイス・ブランディング」の各要素（「シティ・ブランディング」「デスティネーション・ブランディング」「リテールセンター・ブランディング」）にバランスよく取り組み、発展につなげている点で特筆に値する。そして、観光客のような一時的な来訪者だけでなく、地域に積極的な関わりをもつ関係人口の増加を図り、流山市におけるステークホルダー（＝企業目的の達成によって影響を受ける個人または集団［Freeman 2010：25］）の力を結集することで、流山市と流鉄の活性化を図りたい。流鉄を取り巻くステークホル

ダーとしては、株主、債権者、従業員、他鉄道事業者、沿線自治体、顧客、そして潜在的顧客などがある。顧客である沿線の学校の生徒・学生とともに、潜在的顧客である沿線外の学校の生徒・学生も積極的に流山市の観光まちづくりに参画できる仕組みの構築が必要である。

流鉄の活性化は、鉄道の利便性向上などを通してステークホルダーに利益をもたらす。そして、流山市と同市を取り巻くステークホルダーにとっての価値創出を目標に協働する視点［Freeman et al. 2010：23］で、流鉄を核とした観光誘客および関係人口を増やす仕組みづくりを進めることが、流山市の活性化につながる。

今後はSDGsの17の目標における「11　住み続けられるまちづくりを」の理念を踏まえて、「観光」の一層の強化を図るべく、鉄道と地域の活性化に向けて関係人口を増やし、持続可能なまちづくりにつなげるために、ステークホルダーの協働が望まれる。

付記
本稿は、拙稿［大塚 2018］をもとに新たなデータや説明を追加の上、再構成したものである。

参照
文献

《文献》

◆大塚良治「鉄道事業者間および観光関係主体との業務・資本提携に基づく観光まちづくりの論理」『江戸川大学紀要』28：397-408、2018

◆千葉県『千葉県統計年鑑(各年度版)』

◆流山市『次期総合計画における将来人口推計 調査報告書』2018

◆Cook, R.A., Hsu, C.H., and L. Taylor *Tourism: The Business of Hospitality and Travel* 6th Edition, Pearson, 2017.

◆Freeman, R.E. *Strategic Management A Stakeholder Approach,* Cambridge University Press, 2010.

◆Freeman, R.E., Harrison, J.S., Wicks, A.C., Parmar, B.L., and S De Colle *Stakeholder Theory The State of The Art,* Cambridge University Press, 2010.

◆Kavaratzis, M., Warnaby, G., and G. Ashworth *Rethinking Place Branding: Comprehensive Brand Development for Cities and Regions* [Kindle DX version], Springer, 2015. (引用は Amazon Kindle 版位置番号で示す)

《ウェブサイト》

◆梅咲恵司 2013.8.2.「30代人口急増！流山市、"異端"の街づくり マーケティングがあれば、地方都市は蘇る！」『東洋経済オンライン』http://toyokeizai.net/articles/-/16818（2020年12月11日閲覧）

◆シティプロモーション自治体等連絡協議会ホームページ http://urx.red/OvJ4（2020年12月11日閲覧）

◆鈴木裕太 2020.8.22.「SWOT 分析とは何？詳しい内容や分析方法をわかりやすく解説！」『THE OWNER』https://the-owner.jp/archives/3734（2020年12月11日閲覧）

◆流鉄株式会社「流鉄について」流鉄ホームページ http://ryutetsu.jp/about.html（2020年12月11日閲覧）

ブック
ガイド

服部圭郎『若者のためのまちづくり』
岩波ジュニア新書、2013

公共交通は運転免許を持たない人だけでなく、交通渋滞の緩和を通して自動車交通にも便益を及ぼす。また、公共交通網の維持は、観光振興や地域コミュニティの維持にも重要な役割を果たす。本書を読んで、持続可能なまちづくりの実現に向けた道筋を考えてほしい。

第 **2** 部

資源

モノ

第2部は、「資源（モノ）」の視点から現代社会を探究する。私たちの暮らしや営みは、エネルギー資源、生物資源、水資源などといった生態資源のほか、地域資源や文化資源、観光資源など、さまざまな資源に支えられている。それでは、人間をとりまく環境のなかで、いったいどのようなモノが、人間にとって有用な資源となるのだろうか。資源となるモノとならないモノを分かつ基準とは何だろうか。

　第4章では、観光開発の変遷をたどりながら、観光資源を「生きたモノ」としてとらえる視点が今後のツーリズムを考える上で重要となることを学ぶ。第5章では、自由時間や娯楽といったイメージを持たれている「レジャー」の本来の意味について考察し、人間がいきいきと生きるために一見「役に立たないもの」の価値とその見直し方について明らかにする。第6章では、クマの「出没」が人里において多発している現状と課題を考えるために、自然環境という資源をクマの視点からとらえ直してみることが提起される。

　各章の議論は資源という問題のとらえ方、目の付けどころを教えてくれる。人類が将来世代にわたり持続可能な生活を送るためには、どのような「資源」を、どのように維持・管理していくべきなのか、その利活用のあり方について考えてみよう。

（佐藤秀樹）

4 ニューツーリズムと観光革命

体験と交流の創出に向けて

崎本武志

keyword

(ツーリズム)

(アウトバウンド・インバウンド)

(まなざし)

■1 | 2020年——コロナ禍と観光

　本稿を執筆している2020（令和2）年12月、新型コロナウイルス（COVID-19）が世界中で猛威を振るっており、いまだかつてないほどの甚大な被害をもたらしている。新型コロナウイルス（COVID-19）が日本のみならず世界全体に襲いかかった惨禍、いわゆるコロナ禍は、日本の経済や産業などのあらゆる場面で大きな打撃を与えているが、中でも最大級のダメージを被ったのは観光の分野であり、観光にとって疫病は戦争と並んで最大の敵であることを、あらためて認識させられることとなった。

　現時点では日本政府は被害を受けた観光産業を救済すべく「ＧｏＴｏトラベルキャンペーン」など、さまざまな支援策を講じている。観光による経済効果があらゆる産業に波及しており地方都市の経済基盤となっているため、観光がなくなるとそれらの産業も共倒れになってしまう。日本政府によるこれらの施策には当初は各方面から非難の声が挙がっていたが、「コロナ禍の収束を目指しながら経済を動かす」という目的は必要だという理解が、徐々に日本の国民や世論の中にも定着しつつある。これらのことは日本の各産業が観光と密接に関連していることを示したものであり、日本の経済を立脚させるためには観光はなくてはならない存在となっていることを如実に表したと言えるのではないだろうか。

　日本の観光はコロナ禍だけでなく、21世紀に入ってからもさまざまな時代の変化や数々の難局に直面しては乗り越える、ということを繰り返しつつ発展した。そして、21世紀の日本は、観光の発展とともに歩んできたのであり、観光こそが、21世紀の日本の命運を握っていると言っても過言ではない。本章では、21世紀に入って急速に発展した観光における意味の変化をたどりながら、日本における観光の将来を「観光革命」と称して展望したい。

2 ｜ 観光と旅行──その語源と意義

　観光という言葉はなぜ生まれたのか。観光の語源は江戸時代に、古代中国の「易経」の中の、「観国之光 利用賓于王（国の光を観るは、以て王に賓たるによろし）」という一節から採用されたものである。「易経」とは、儒教の根幹を成す書物である「論語」「中庸」「孟子」「大学」の四書と、「易経」「書経」「詩経」「礼記」「春秋」の五経を合わせた「四書五経」の1つとして数えられた書物であり、当時の中国の政治経済を司っていた「占い」について取り扱っている。さまざまな解釈が存在しているが、要約すると「王がその国の優れた文化や風景や賑わいなど繁栄している姿を見て周ることや、賓客にこれらを見ていただくことは、国の発展のために良いことである」という意味を表している。「国之光」とはその国や地域の持つ優れた文化や風景や賑わいをはじめとする美点であり、その国や地域を訪問する人々が単に風光明媚な景観を眺めるではなく、賑わいなどその地域の住民が織りなす息吹を感じながら訪ね歩く行動そのものが「観光」である。「見る」のではなく「観る」とあるのは、その国や地域の歴史や文化などの背景や実際に住む人々の想いに至るまで、まさに眼に見ることができない部分まで感じることこそが「観光」の本義であることを表しているのである。

　一方で、「観光」と同様の意味を持ち広く普及した表現として「旅行」という言葉が存在する。「旅行」の「旅」という字は「旗」などの「目印」を表しており、古代中国では軍隊の単位を示す言葉であった。「旅行」は「旗などの目印に多くの人々が集い、集団で共に行動し移動する」という意味を持っている。そして、日本では「旅」とは「たび」と読まれている。民俗学者の柳田國男の解釈によると、「たび」とは「食ぶ（たぶ）」と「給わる（たまわる）」との合成語であり、「各所に行って食物を給わる（恵みを受ける）」という行為を指すと言われている［捧 2018：24］。

中国での「旅」という漢字が日本で「たび」にあてがわれたことで、移動する行為を指す点では共通していても、その行為を集団で行うか個人で行うか、という正反対の意味を含むことになってしまったのがおもしろい。

この他にも、江戸時代から明治時代にかけて使用された「漫遊」があるが、こちらは娯楽を目的としたものであり、現代の「観光」「旅行」とほぼ同様の意味を持っていた。「観光」「旅行」が娯楽やレジャーを意味するようになったのは、大正時代から昭和初期にかけてであると考えられる。

実は日本においては、外国人訪問客を誘客する動きは明治時代から国策として活発に行われていた。経済効果だけではなく、当時の日本では切実な問題であった不平等条約から生じる軋轢の解決を図る動きとして、国際観光事業を盛んにし、日本や日本国民に外国人観光客を歓迎する気運をつくりだす必要があったためである。

そこで、1893（明治26）年に、渋沢栄一らが中心となって「喜賓会」が設立された。喜賓会では訪日外国人観光客をもてなすための日本初の近代的組織として、各種旅行案内書の発行などが行われた。福沢諭吉らの勧めにより日本における鉄道の時刻表が発行されたのもこのころである。喜賓会の設立が起点となり、日本における政府系の観光組織として日本政府観光局（Japan National Tourism Organization=JNTO）や、のちに日本最大の旅行会社となるジャパン・ツーリスト・ビューロー（現在のJTB）の礎となった。その後、1930（昭和5）年には鉄道省（現・国土交通省）の機関として「国際観光局」が設置され、政府機関として初めて「観光」の部署が設けられた。

このように観光は多様な意味を持っており、1969（昭和44）年の観光政策審議会の答申では、「観光とは自己の自由時間の中で、鑑賞・知識・体験・活動・休養・参加・精神の鼓舞など、生活の変化を求める人間の基本的欲求を充足するための行為のう

ち、日常生活圏を離れて異なった自然、文化などの環境の下で行おうとする一連の活動をいう」と定義されている。景観を見て回るだけではなく、眼に見ることができない部分まで感じることや、主体的に体験することこそが、本来の「観光」の意義であることを示していると言えるだろう。

◢ ｜ アウトバウンドとインバウンド

アウトバウンドとは自国（自分の地域）から海外へと渡航する観光客やその行為を指し、インバウンドとは海外から自国（自分の地域）に訪問する観光客やその行動を指す。観光は「国の光を観る」という「アウトバウンド」の要素とともに、「国の光を観す（=示す）」という「インバウンド」の要素も含んでいるのである。

21世紀の日本は、1990（平成2）年に端を発した経済危機、いわゆるバブル崩壊からの長期にわたる経済不況で、工業立国としての立ち位置が危うくなりつつあった。そのうえ、折からの少子高齢化社会が進行し、将来的にはこれ以上の経済成長が困難な状況に立たされていたことから、小泉純一郎政権下において、2003（平成15）年に「観光立国宣言」が発出され、第二次世界大戦後の日本における経済を支えてきた工業立国からの転換を図る政策が打ち出された。

ここで出された「観光立国宣言」は、20世紀型の観光政策からの大変革を意味していた。ここでいう20世紀型の観光政策とは、1980年代後半における好景気、いわゆるバブル経済で賑わっていた頃に出されたアウトバウンド重視の政策のことである。

当時の日本は輸出拡大や円高差益などによる貿易黒字を算出しており、欧米諸国などとの貿易不均衡を是正する手段の一つとして、日本の国際化と海外旅行に関する規制緩和が欧米各国

から要求されていた。その対策の一環として、日本政府は1987（昭和62）年に「テンミリオン計画」と呼ばれる海外旅行倍増計画を立案し、10年以内に日本人の海外旅行客、いわゆるアウトバウンドを1,000万人にすることを目標に定めた。日本の観光業界は、航空運賃の引き下げなどで安価な海外旅行商品を数多く提供するなど一丸となって海外旅行の発展に注力し、日本からの海外旅行客を増加させるアウトバウンドの振興を展開した。これが功を奏し、わずか3年後の1990（平成元）年に1,000万人に到達し、目標を達成した。その後もアウトバウンド需要は増加し、毎年1,500〜1,800万人ほどで推移していたが、2019（令和元）年にはついに2,000万人を達成した。

　観光による経済効果が証明されたことで、21世紀に入ってからは長期低迷を続ける日本経済の立て直しを図るべく、アウトバウンド重視の政策からインバウンド（外国人の訪日観光）を推進することで内需拡大を目指し、2003（平成15）年1月31日の施政演説では2010年までにインバウンドを1,000万人にする目標を打ち出した。この方針を打ち出してからは産官民一体となって外国人観光客の誘致に取り組み、数多くの世界的なイベントやコンベンションを日本に誘致する動きが盛んになった。

　これらのイベントやコンベンションのことを「MICE（マイス）」という。MICEはMeeting（会議や研修）・Incentive（報奨や招待を目的とした観光）・ConventionまたはConference（大会や学会、国際会議）・Exhibition（展示会）を総称したもので、一度の開催における外国人旅行客数が多く、しかも一般の観光旅行と比較して消費額が多いことから各国で盛んに誘致が行われており、特にシンガポールや香港といった貿易を中心とした国や地域で多くの実績を挙げ、国家経済の増収や発展に大きく貢献していた。日本政府はこれらに目をつけ、2005（平成17）年の愛知万博や2019（令和元）年のラグビーワールドカップ、2020（令和2）年の東京オリンピック・パラリンピック、2025年の大阪・関西万博など、

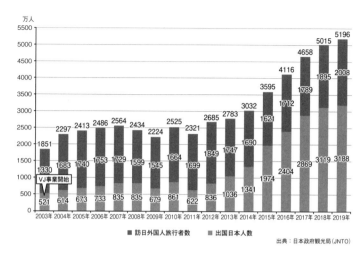

万人

5500	5196
5000	5015
4500	4658
4000	4116
3500	3595
3000	3032

出典：日本政府観光局（JNTO）

■ 訪日外国人旅行者数　■ 出国日本人数

図Ⅰ　訪日外国人旅行者数・出国日本人数の推移
2020 年は大幅な減少が予想されている。　出典：観光庁（2020.2.5）

数多くの世界規模の大会誘致を積極的に行った。

　リーマン・ショックや東日本大震災の影響はあったものの、官民一体となったインバウンド振興の努力が実を結び、2013（平成25）年には念願の1,000万人に到達、その後も順調に増え続け、2018（平成30）年には3,000万人を超えるほどの急成長を遂げた。日本政府はインバウンドを成長戦略と地方創生に向けた経済振興の柱として重視し、2016（平成28）年には「明日の日本を支える観光ビジョン」を策定し、2020年の訪日外国人観光客数4,000万人と消費額8兆円、2030年には6,000万人と15兆円の到達を目指す、という目標値を設定した。

　ではなぜ、日本政府はこれほどまでにインバウンド政策を重視するのであろうか。その背景には、日本の人口減少・少子高齢化の進行により、経済の維持が困難になっていることへの危機感が存在する。人口の減少に伴い国内における消費、いわゆる内需も減少する。これにより、日本国内における生産の縮小

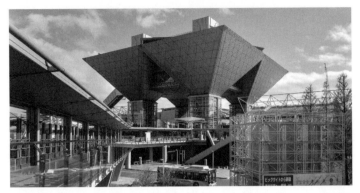

写真1　東京ビッグサイト（東京ビッグサイトホームページより引用　2020 年 12 月 14 日参照）

と輸入額の減少が起こり、これまで工業立国で支えてきた経済力の減退を引き起こすのである。そのため、国内消費の減少分を内需拡大で補うべく、インバウンド促進による観光消費の増大を図る政策を打ち出したのである。

　日本の定住人口1人当たりの年間消費額は、2018（平成30）年では約127万円であった。同年の訪日外国人観光客の1人１回当たりの旅行消費額の平均が15万3,029円であったことから、定住人口の年間消費額は訪日客1回当たり消費額の約8.3人分に相当する。これらに基づき、日本の定住人口減少を補うには、定住人口減少分の約8倍のインバウンド増加を図る必要がある、と試算された［東 2020：1-2］。ともするとインバウンドの数値目標は法外な数値であると見られがちであるが、少子高齢化による経済力減退を防止するための苦肉の策であるともいえるだろう。

　しかしながら、せっかく日本に興味を持って来訪する外国人観光客に対して経済効果だけを求めるのは、国家・国民としての品格を大きく損ねることにつながりかねない。全国各地や世界各国を訪問し見聞を広めるアウトバウンドとしての観光と、海外からの訪問客を迎え、その方々に自国や自分の地域の素晴らしさを体験することで喜んでいただき、「また来たい」と思って

いただけるように図るインバウンドとしての観光との両方こそが、今後日本が目指すべき観光のあり方なのではないだろうか。

4 ｜ ツーリズムとは何か

　観光の意味する範囲が幅広く定義されていることから、21世紀になってからは観光を英語で「ツーリズム（tourism）」と訳する傾向が増加している。

　「ツーリズム」は「ツアー」の類語であり、語源はラテン語で「轆轤（ろくろ）」を意味する "tornus" である。ろくろを回すための運動を必要とすることから周回するということも意味しており、一度出発して一定の周回を伴う観光が終了したのちには出発地点に帰る、という行動がなければ成立しないことも示している。「ツアー」という言葉は日本で広く使われており、音楽家やアーティストが全国各地や世界各国でコンサートやライブを開催したり、ゴルフやテニスなどのスポーツで1年間にわたって各地を転戦する際にも「ツアー」と呼ばれている。

　観光やツーリズムの目的は余暇・レジャーだけではなく、ビジネスや教育など、あらゆる対象が存在する。スポーツを事例にした場合、スポーツ観戦を目的とした観光・ツーリズムであるならば「娯楽・レジャー」であるが、そのスポーツのプロフェッショナル・プレーヤーの立場で考えた場合は「ビジネス」となる。さらにスポーツ観戦を中継するメディア、スポーツの魅力を伝えるライター、スポーツシーンの一瞬をとらえるカメラマンなど、ビジネス目的の観戦者も数多く存在する。これと同様に、各種ビジネスにも観光・ツーリズムが存在する。「出張」と言われる観光・ツーリズムがあり、MICEのように業務目的の視察を行う、などの目的も存在する。さらに、昨今の日本ではこの業務を目的とした訪問を利用して娯楽を目的とした観光行動をする「ブレジャー」を推進している。

修学旅行や社会科理科見学、臨海学校や林間学校、スキー教室や部活動の合宿などの教育目的の観光も同様であり、これらは旅行業界では「教育旅行」と総称され、いわゆる余暇・レジャー目的の観光とは一線を画した形で位置づけられている。

　ここで、観光やそれに伴う行動に関する用語について解説する。「余暇・レジャー」とは社会的には休暇など、勤労の対義的な意味として余った時間を利用した活動を指す用語である。18世紀頃の産業革命後のイギリスにおいて誕生した近代観光は、貯蓄と休暇を獲得した熟練労働者などが、娯楽や保養を目的として移動を伴う非日常的な消費や行動を行ったことがきっかけで生まれた。日本では、戦前は主産業が農業だったため余暇の獲得が十分でなく所得も低かったこともあり、一般には観光が定着しなかったが、戦後の高度経済成長や週休2日制の普及が契機となって、観光や旅行が広がっていった。

　この他にも、観光や旅行に関連する外来語が数多く存在する。

① トラベル（travel）
　　"travel"の語源となっているのはラテン語で三本鎗の責め具を表す"trepalium"から来ている"traveil"であり、「苦痛を伴う労働」を意味する言葉である。かつては交通機関や宿泊施設などのインフラストラクチャーや観光産業が未発達であったために大変な苦難を伴い、地勢的な条件や気候条件、地域の治安条件によっては数多くの犠牲者を出すこともあった。これは日本国内でも同様であり、子供が立派に成長するためにはあえて苦労を経験させることが大切だとする「可愛い子には旅をさせよ」ということわざは、まさにそれを体現する言葉でもある。
② トリップ（trip）
　　1泊程度の小旅行を意味することが多い。

③ サイトシーイング（sightseeing）

　　文字通り「見物」「見学」を意味する言葉である。

④ ジャーニー（journey）

　"journey"はフランス語で1日を意味する"jour"から来ていると言われ、本来は日帰り旅行などの小旅行を指すが、センチメンタル・ジャーニーなどのように、概念的な旅や旅行を表す言葉としても使われる場合がある。

⑤ ボヤージュ（voyage）

　　航海を表す言葉であり、遠方や長期間の旅行を指す。フランス語でボン・ヴォヤージュ（bon voyage）という言葉には、道中の無事を祈るという願いを込めた「ごきげんよう」という意味がある。

　続いては、国内旅行、海外旅行、訪日旅行の違いについて述べる。これらの目的、つまり余暇によるレジャーか、出張などの業務かなどといった目的別の意味づけは、ここでは原則として考慮せずに概説する。

　国内旅行は日本在住者による日本国内の観光を指し、海外旅行は日本在住者が海外に渡航すること全般を指す。訪日旅行は外国人が日本を訪問することであり、先に述べた「インバウンド」による観光のことを指す。日本や世界の各国各地域において、国内旅行、海外旅行、訪日旅行が活発に行われることにより交流人口が増加し、人的な交流が活発に行われ、地域に活気をもたらすなどの好影響を与えることが可能となる。地域を訪問する目的としてはレジャー・ビジネスのみならず、通勤・通学・ショッピング・文化芸術鑑賞・文化芸術創造・教育・学習・アミューズメントなど多岐にわたっている。これらの交流が活発に行われることにより、「国の光」の大きな要素である「賑わい」が発生し、経済や文化への波及効果だけでなく、地域の人口流出を食い止める、新たな産業振興に役立つなどの相乗効果

も期待できる。

　地域における人口の多寡が都市の格・ステータスを示していたこともあり、定住人口増加を行政目標として掲げる都市が多く存在している。少子高齢化が進んだ近年の日本においては、交流人口増加による地域活性化や経済活性化が目標とされるようになり、これによって各地で観光地域活性化の取り組みが熱心に行われている。これらのように官民一体となった一連の取り組みは、「観光まちづくり」と呼ばれている。

　「リゾート」という語も頻繁に使用される用語である。観光は「周遊型」と「滞在型」に大分されるが、リゾートは一般的に滞在型の観光として意味づけられることが多い。都市に滞在することを目的とした「シティリゾート」や「アーバンリゾート」、海岸地域の「ビーチリゾート」や山岳地帯の「スキーリゾート」などがあり、スポーツなどの体験型レクリエーション活動を目的とした滞在を表している。この他にも一定の期間定住するような長期間の滞在を目的とした「ロングステイ」もあり、旅行期間と観光地での過ごし方も多様化している。そして、昨今の日本ではコロナ禍をきっかけにして日常拠点を離れてリゾート地や地方などに一時的に滞在しながら業務を行うことや、本格的に移住するなどしてＩＴを活用したリモートワークを行うなどの、新たな勤務スタイルが勃興している。「ワーケーション」と呼ばれるこの新たなスタイルは、観光振興だけではなく、首都圏や京阪神など大都市の一極集中を解消し、地方の人口流出に歯止めをかけ、新たな地方の定住人口増加の方策として期待が高まっている。

　戦後から始まった日本における一般的な観光は、社会に浸透するとともに新たなステージへの成熟期を迎えている。1980年代から、日本の消費スタイルでは「モノからコトへ」という概念が定着しつつあり、サービス業はこれらに合致するための販売戦略を展開した。21世紀に入ると、日本の観光においても「モ

写真2　アーバンリゾートとして人気の高い東京ディズニーリゾートホテル

ノからコトへ」を裏書きするような現象が出来しているため、これらへの対応過程が観光業界など観光全般における大きな変革であると言えるだろう。次節ではこの流れについて、具体的な言葉や概念とともに説明する。

5 | 「モノからコト」への変化とさまざまなツーリズム

　日本においては、観光や旅行はパッケージツアーなどの形で商品化され、急速に普及したが、観光が浸透し成熟すると、十把一絡のような同じパターンの旅行商品ではなく、個人の趣向に合わせて多様化したものが求められるように変化していった。これらは観光が単に観光地を訪れることから発生する消費の手段から脱却し、その地域で人々と出会い、ふれあい、高めあう「体験」に基づいた観光へと発展していることの表れだと言えるのではないだろうか。

　21世紀に入ってからは、これらを体現したものとしてニュー

ツーリズムという概念が誕生し、観光と体験とを結びつける表現として「○○ツーリズム」という言葉が定着しつつある。各省庁でも各分野に相応するニューツーリズムに取り組むほか、観光庁では国内外の観光客に新たな地域への来訪動機を与え、地方誘客を図ることを目的に、2017（平成28）年度より「テーマ別観光による地方誘客事業」に取り組んでいる。各テーマにおいて地域誘客を図ることでツーリズムへと昇華させ、地域の観光発展に役立つためのニューツーリズム振興と同様の意義を持っている。

　観光と体験とが結びついたこれらのツーリズムについて、代表的なものを挙げる。

① サステイナブルツーリズム

　「持続可能な観光」を意味する言葉である。環境や文化の悪化、過度な商業化を避けつつ、観光地本来の姿を求めていこうとする考え、およびその実践全般を指す。2015（平成27）年の国連総会において、SDGs（Sustainable Development Goals＝持続可能な開発目標）の17にわたる目標を設定し決議した。その中で、観光分野において貢献できるものとして、

　　8　持続可能な経済成長と働き甲斐のある人間らしい雇用の
　　　　促進
　　12　持続可能な生産消費形態の確保
　　14　海洋および海洋資源の保全と持続可能な利用

の3分野が該当することを、UNWTO（United Nations World Tourism Organization＝国連世界観光機関・本部はスペインの首都マドリード）は指摘している ［島川 2020：37］。

　SDGs実現に向けて観光への期待が高まっているとともに、観光に課された社会的な責務は今後ますます大きなものになって

いくと言えるだろう。

② エコツーリズム

　自然環境と観光との共存を目指した概念である。自然環境を意味 する ecology と tourism の合成語であり、1992（平成 4）年にブラジルのリオデジャネイロで開催された地球サミット以降、環境保全への関心が世界規模で高まったことを受けて、特に注目されるようになった。環境と経済を両立させていくうえで、エコツーリズムの重要性はますます高まっている。

③ ユニバーサルツーリズム

　障害者や高齢者にも観光旅行の機会を提供するべく誕生した概念である。福祉の分野では、障害者や高齢者の方々が円滑に移動することができるよう、インフラストラクチャーを中心とした社会基盤を整えることを「バリアフリー」、障害のある方々に健常者と同じ生活条件を創造することを「ノーマライゼーション」という用語が存在する。1985年にはアメリカのロナルド・メイスによって、障害者や健常者の区別なく全ての人々にとって快適な環境の創造を図る「ユニバーサルデザイン」の概念が提唱された。ユニバーサルツーリズムは、このユニバーサルデザインを観光に応用し、すべての人々が観光旅行できる環境をつくりだす取り組みとして、今後ますますの発展が期待されている。

④ グリーンツーリズム

　一定期間滞在し、農業に従事することを目的とした観光のことである。広義では日帰りの果物狩りなどのいわゆる「観光農業」も含まれるが、一般的には日帰りではなく数日から数週間にわたって滞在し、農業に従事する活動を指す。高齢化が進み農業従事者が減少している地方では、農業繁忙期の担い手としても期待されている。

⑤ ウェルネスツーリズム・ヘルスツーリズム・メディカルツーリズム

健康保全および疾病治療や病気療養を目的とした、医療を伴う観光である。医学的な根拠に基づき心身の健康の回復や健康増進につながるものを「ヘルスツーリズム」と称し、温泉を中心としてヨガ・瞑想・フィットネス・ヘルシー食などのレクリエーションや交流を通して明日への活力を得ることを目的とするものを「ウェルネスツーリズム」と称している。また、医療に特化した目的を持ったものは「メディカルツーリズム」と称している。

　日本では古くから豊富な温泉資源を生かし、温泉地に長期間滞在しながら療養する「湯治」が行われており、歴史的な観光形態として定着している。現在は先進医療を施す国や地域を医療目的で観光する事例も増加している。海水浴は、江戸時代までは一般的ではなかったが明治時代に入ってから西洋人から保養の行動として伝播されたことから「潮湯治」と呼ばれていた。現在では海水のマイナスイオンを活かした医療・美容であるタラソセラピーが観光に応用されている。

⑥ コンテンツツーリズム

　アニメーションや映画、ドラマなど、編集された映像などの作品（コンテンツ）に関係する観光全般を指す言葉であり、観光行動として定着しつつある。これら作品の舞台となった地域（ロケーション）を訪問し、その作品に関わった人物や所縁の地域を訪れることが主な目的となっており、これらの行為や活動は「聖地巡礼」と呼ばれるようになった。最近ではこれらのコンテンツの愛好家たちが集う場やイベント開催も活発に行われており、地域の人々が参加し、支援するケースも数多くみられる。これは本来観光が目指すところの、地域と訪問客が一体となった「交流」を象徴している。

　これらのツーリズムに参加する人々の特徴としては、より特化した趣味や趣向を持つ「オタク」と称される人間性を有している、という共通点がある。「オタク」の趣向を持つ人々は作品

写真3　コンテンツツーリズムとして賑わいをみせた JR 九州運行の「鬼滅の刃　無限列車編」上映記念 SL

や舞台となる地域に対して一般人に比べて深い愛着を持ち、活動の持続性が期待できる傾向があることから、有望な観光の担い手として期待されている。

　また、地域おこしや観光まちづくりの新たな形態として地方自治体が主体となって支援している事例も増加している。これらの自治体などではフィルムコミッションが組織され、映画やドラマなどのロケ地選定（ロケーション・ハンティング、略称ロケハン）から携わり、ロケ隊や出演者の食事や滞在・宿泊をあっせんするなどの業務を行っている。これらの一連の活動は「フィルムツーリズム」と呼ばれ、新しい観光まちづくりのスタイルとして注目されている。そして、一般視聴者や訪問者の立場で「聖地巡礼」の活動の一環としてロケ地などを巡ることを特に「ロケツーリズム」と呼ぶ場合がある。

　以上のように、この分野は人的交流と地域発展の両面が期待できることから、地域を挙げた積極的な活動が行われている。

⑦ ダークツーリズム

　戦災に遭った地域や被災した地域など、過去に何らかの惨禍

があった地域を訪れ、その惨禍を偲ぶことを目的とした観光を指す。惨禍の悲劇を乗り越え、地域の人々の復興を願い、人的交流と経済効果の両面で発展を図ることが期待されている。戦争に伴う遺跡には、ナチス・ドイツによるユダヤ人虐殺の舞台となったポーランドのアウシュビッツや世界で初めて戦争災害として原子爆弾の被害を受けた広島の史跡である原爆ドームなどのように、世界遺産に指定されているものも存在する。

　日本ではこれらの「ニューツーリズム創出・流通促進事業」が展開されており、国土交通省の観光立国基本計画においては、「各ニューツーリズム」の促進が重要項目となっている。その具体的な内容は、長期滞在型観光の推進・エコツーリズムの推進・グリーンツーリズムの推進・文化観光の推進・産業観光の推進・ヘルスツーリズムの推進・その他ニューツーリズムの推進・船旅の魅力向上の推進・都市の農山漁村の共生および対流の推進、である。観光庁ではこれらを発展させ、国内外の観光客が全国各地を訪れる動機を提供することを目的として、2016（平成28）年度より「テーマ別観光による地方誘客事業」のモデルケース形成を促進している。これらの実現のために、各省庁および産官学との一層の連携が望まれる。

❻ │ 21世紀の観光革命──まなざしの革命

　これまで述べてきた通り、21世紀に入ってからの観光における動きや変化は、単なる観光発展ではなく、まさに革命である。とはいえ、日本や海外において観光商品の発達や人々の観光意欲には特別な変化があったわけではない。この革命は、人々の観光に対する「まなざしの革命」なのである。

　イギリスの社会学者であるジョン・アーリは著書『観光のまなざし』の中で、「観光という、ある意味必然性のないサービス

や財のようなものが消費されるのは、日常生活で普段取り囲まれているものとは異なる遊興的な経験をこれが作り出すと思われているからであるが、一方、すくなくともこの体験の一部は、日常生活からかけ離れた異なる景色、風景、街並みなどに対して、まなざし（gaze）もしくは視線を投げかけることなのだ」という表現で、観光の持つ「まなざし」について解説している［アーリ 1995：1-2］。

　アウトバウンドとインバウンドについて、観光は「国の光を観る」という面と「国の光を観す＝示す」という面の、二面が存在することを指摘した。同じ場所にいても、同じ風景を観ていても、観光客の目線と訪問者のまなざしは全く異なっていることが数多く存在する。また、日常と非日常とでさらにまなざしは異なっていき、変化していく。これらのまなざしは観光客による体験や交流が加わることで、より多様化していくものであり、異なるまなざし、変化するまなざしの一つひとつが新しい観光を作り出す大きな流れとなり、「観光革命」へと発展していったのである。

　そして、インバウンドは訪日外国人観光客だけではなく、日本人による国内の観光であっても重要性が高まっている。その中でも注目を集めているのは、訪問観光客が訪問先の現地で集合・参加し解散する観光形態の「着地型観光」である。着地型観光は地域の人々が主役となって外部からの観光客を一体となってもてなすことが求められている。そのためには、地域の人々が地域のことについてより深く理解することが必要となる。このように、着地型観光には、地方誘致の促進とともに、地域の人々の地域に対する理解と愛着をもたらすという、両面の効果が期待できる。地域住民と訪問観光客、2つのまなざしで交流することで、より地域における観光が発展し活性化する。

　これまでの日本においては観光の経済的な効果が中心となって議論され、注目されてきた。しかしながら、観光の効果にお

ける本当の価値はむしろ、経済以外の面により重要性が存在するのではないだろうか。中でも特に世界全般的に観光に期待されている価値は、世界平和に対する貢献であると考えられる。これらを実現するために必要な要素として、快適な環境づくり、地域アイデンティティの涵養、多様な情報提供、地域産業の活性化などが挙げられ、そこへSDGsへの貢献という新たな責務が加わりつつある。これらを実現することがその地域の観光活性化、地域活性化に大きく寄与することにつながり、国内外からの観光客に対する満足感の創出へとつながる。そのために必要なのは、異なるまなざし、変化するまなざしといった「まなざしの革命」をより深く認識し、誠心誠意これらに対応することではないかと考えられる。

　観光は、置き物ではない。生き物なのである。その地に根ざしている観光資源であっても常に新しいまなざしを注いで息を吹き込み、生かしていくことが求められている。

　コロナ禍によって日本の観光産業は大きな打撃を受けているが、日本の観光はドラスティックなまでに形態を変えながら、さまざまな分野や業種と連携しつつますますクローズアップされ、発展していくと考えられる。これだけの打撃を被ったとしても、あらゆる地域活動や産業における発展についても、観光との共存が成長の鍵を握っていると言っても過言ではない。その実現に向けて、国家・地域・組織・個人のすべてが観光に対して正しい関心を持つとともに深く理解することで、明るい未来に向けて積極的な活動がなされていくことを祈念する。

参照文献

《文献》

◆ アーリ、ジョン『観光のまなざし』加太宏邦訳、法政大学出版局、1995
◆ 東徹「これからの観光を考える」(やさしい経済学)『日本経済新聞』2020年10月2日朝刊
◆ 国土交通省・観光庁『観光白書 令和2年度版』2020
◆ 捧富雄『観光学基礎 第7版』JTB 総合研究所、2018
◆ 島川崇『新しい時代の観光学概論——持続可能な観光振興を目指して』ミネルヴァ書房、2020

《ウェブサイト》

◆ 観光庁2020.2.5「訪日外国人旅行者数・出国日本人数」観光庁ホームページ https://www.mlit.go.jp/kankocho/siryou/toukei/in_out.html (2020年11月29日閲覧)

ブックガイド

島川崇『新しい時代の観光学概論——持続可能な観光振興を目指して』
ミネルヴァ書房、2020
日本および世界が目指すべき観光のあり方について、気鋭の観光学者が純粋なまなざしと率直な表現で鮮やかに導き出している。観光のよりよい発展には一人ひとりの主体性が大切であることを強力なメッセージで伝えており、全員が主役であることを実感できる。

5 どうやって自分の知らない世界にたどり着くか？

寄り道を「たしなむ」レジャー社会学

土屋 薫

keyword

ナビゲーション

アブダクション

メディア・ビオトープ

■ 1 レジャーとは何か？

　日本と中国の若者のレジャーの過ごし方の相違点を見ると、中国では、所得の多い層はより冒険的なレジャーを行いたいという傾向のあることがわかった。

　授業の中でレポート課題を出したところ、上記のような回答があった。あなたはこの文章に違和感を持たなかっただろうか？
　「過ごし方」とは時間の使い方のことを指すので、本来なら「自由時間の過ごし方」と言いたかったのだろうと思う。また「冒険的なレジャー」を行いたいというのは、「アウトドア関連のレジャー活動」を指向する傾向がある、と言いたかったのだろう。レポートを返却する際には「時間と活動の両方を指して『レジャー』とくくってしまっているところに混乱が見られるし、その点、授業をきちんと聞いて理解していなかったことがわかる」とコメントを書いて返したが、実際の先行研究においてもレジャーの概念は主に3つの異なる視点から扱われてきたし、そのことがレジャーについて考える際の混乱の原因ともなっている［松原 1977：269-285］。
　その3つの視点とは「時間」と「活動」と「意識」である。つまり、レジャーを自由時間や非労働時間、非拘束時間といった時間としてとらえようとする立場と野球やゴルフ、釣りやハンティングのような活動（アクティビティ）としてとらえようとする立場、それから「自分を磨くのに役立つ崇高な文化と関わること」や「自分を成長させるような立派な哲学や文学、音楽と関わろうとすること」といったように意識としてとらえようとする立場の3つに意見が分かれてしまっていると言ってもよい。
　ただしこのように立場が分かれてしまったのには理由があって、厳密に考察を進めようとした結果、それぞれの立場の違いがハッキリしてきて問題が顕在化した、ということなのである。

たとえば、月曜日の仕事に備えて日曜日の夜は平日より2時間早く就寝する、といった場合、その2時間は自由時間なのか準備・待機時間として労働時間の中にカウントすべきなのか、といった疑問が発生する。また草野球は遊びでありレジャー活動と呼べるが、野球選手にとって野球をすることは職業すなわち労働ということになる。漁師にとっての釣りや猟師にとってのハンティングも同様である。さらにはサラリーマンの「接待ゴルフ」は仕事ではないのか、といった議論も出てくる。あるいは古典やクラシック音楽のような伝統文化に触れることは立派なレジャーだが、流行を追ったり評価の定まっていない下世話で新奇なものに関わるのはただの娯楽であってレジャーではない、と言ってしまうと、社会階層と文化の議論に目が向いてしまいレジャーの議論は立ち消えになってしまう。

　これ以外にもただ単純に労働の対極としてレジャーを位置づけると、労働観や仕事の質への「こだわり」の扱いによって議論が大きくぶれてしまう。たとえばお客さまへの徹底的なおもてなしにこだわって長時間労働を招く会社をブラック企業として見るか、ホスピタリティ（接客思想と接客技術）を大切にする優良企業として見るか、という議論が始まってしまう。またいわゆるレジャー産業という観点から消費の文脈で整理しようとすると、「嫌消費世代」（収入が十分にあっても消費しない傾向を持つ20代後半の世代）や「ミニマリスト」（必要最小限の持ち物で丁寧な暮らしの実践を目指す人々）などによる価値観・ライフスタイルの相違が消費性向に大きく影響し、純然たるレジャーに関わる分析視点が霞んでしまう。

　このように「こじらせ」がちなレジャー概念であるが、現代社会における問題点をレジャーという観点から考える上でも、ここではまず「レジャーとは何か」ということを整理するところから始めてみたい。

2 | なぜ「自分の知らない世界（ところ）」を目指すのか？

　まずレジャーという語が「leisure」という英語を起源とする外来語であることは周知のこととして、その語源はラテン語の「licere」（リセレ）であり、そのリセレはアテネ郊外の「Lukos」（リュコス）の森に開かれたアリストテレス（Aristotle:384-322B.C.）の学園「Lykeion」（リュケイオン）との関係性が指摘されている。また、アリストテレスの師であるプラトン（Plato:427-347B.C.）の学園が「Akadēmiā」（アカデメイア）と呼ばれ、今日英語では「academy」（アカデミー）として学びの場を指す言葉の語源となっていることを考えると、レジャーという言葉の意味の中核に「学ぶ」という姿勢があり、それと関連する「scholē」（スコレー）に連なる概念が取り込まれてきたと考えられる。そうすると、いわゆる高級文化（ハイカルチャー）と呼ばれるような「自分を高めるものに関わること」としての意味、つまり意識概念としてのレジャーの位置づけが飲み込める（図1内の破線で囲んだ①の部分）[松田 1998：223]。

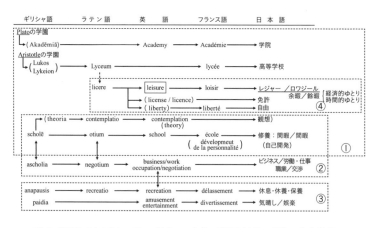

図1　語源からとらえたレジャー概念　　出典：[松田 1998：223]に加筆修正

また産業革命以降、分業を前提とした役割分担を重視する近代的な労働観が確立すると、労働の対極としてのレジャーの位置づけに焦点が当たるようになったものと考えられる（図1内の破線②）。工場労働をモデルとする近代的な労働のスタイルは「働きがい」や「働く喜び」よりも効率や成果、責任を重視するが、ギリシア語の「ascholia」（アスコリア）も同様に作業的な意味合いが強く、「scholē」に否定の意味を表す接頭辞「a」をつけた言葉、すなわち「非scholē」という構造の言葉となっている［安江1999：6］。これは古代ギリシャでは「労働に中心的な価値を置く現代社会」と正反対の価値観であったことを示すわけだが、古代ギリシア市民の側から見れば、肉体的な作業ではなくその対極としての精神的な営みである哲学や文化に関わる場としてレジャーを位置づけることになるし、近代の労働者の側から見れば労働と対極の遊びを指すことになる。こうして活動概念としてのレジャー観が形を成したと言ってよいだろう。

　そして労働における再生産性を高めるための「レクリエーション」も労働の対極にあるものとして、「scholē」（スコレー）と同じ側、すなわちレジャーを構成する概念として扱われるようになったと考えると自然であろう。ここに諸先行研究でレジャーの三大機能として扱われる「休息・休養・保養」「気晴らし・娯楽」「自己開発」が出揃うことになる［デュマズディエ 1980：17］（図1内の破線③）。

　ここで「leisure」（レジャー）とその直接の語源であるラテン語の「licere」（リセレ）との関係に着目して考え直してみよう（図1内の破線④）。「licere」（リセレ）からは「leisure」（レジャー）のほかにも「license / licence」（ライセンス：免許）や「liberty」（リバティー：自由）といった言葉が出ている。なるほど「liberty」（リバティー：自由）と語源が同じだとすると、レジャーを「自由時間」や「自由裁量活動」としてとらえるときの「自由」の概念がその中核にあることがわかる。

では「license / licence」（ライセンス：免許）はどうだろう。レジャーはどんな「資格」と関連があり、何が「許されている」と考えたらよいのだろうか。「休息・休養・保養」や「気晴らし・娯楽」が近代的な労働との関係性の中で取り込まれてきた意味だとすると、語源に関わる部分としてはやはり古代ギリシアから引き継がれている「学び」に関連した要素であろう。とすると「何かを学んだ結果手に入れた自由な心の状態」こそ、語源まで遡ったことでわかるレジャーの意味ということになる。

　残された問題は「何を学ぶのか」ということになる。このことを考える上で、ここでは筆者自身の関わった調査結果を例に出して検討してみたい［澁谷・土屋 2001：53-70］。

　これまでアメリカ合衆国を中心に個々人のレジャーの状況を診断するための道具、つまり一種の問診票としてレジャー・アセスメント・ツールというものが開発されてきた。その一つである「Leisure Boredom Scale」（余暇退屈度尺度）を用いて調べてみると、アメリカ人と日本人では異なる結果が出た。具体的に言うと、アメリカ人の場合は「自分の技術が足りないのでレジャーが楽しくない」という回答が出てくることが報告されている。これは「技術を身に付ければ満足度が上がる」ということを意味する。たとえば、テントの張り方や火の起こし方がうまくできればキャンプは楽しい、ということになるわけだ。

　それに対して日本人の場合はどうかと言うと、「そつなくこなしてはいるがレジャーはちっとも楽しいと思わない」という回答が出てきたのである。これではレジャー活動に関わる具体的な技術を学んでも意味がないことになる。具体的な技術について学ぶ前に、その活動の楽しみ方、あるいはまずそれが楽しいということを知ること、そしてそのような楽しみを知る場に出会うことが重要となってくる。「楽しい・おもしろい」という気持ちの前にわれわれを妨げるものはない。逆に言えば、「楽しい・おもしろい」という気持ちがすべてであって、その瞬間に

は日常生活やそこでのストレスなどすべて忘れてしまっている。この「邪魔するものが何もない・特別な条件が必要ない」というのが「自由な心の状態」であるのは自明のことだろう。

　つまりレジャーの意味の中心に語源から見た「学び」を据えるとき、その学びはテスト勉強のようなものではなく「ある活動をすることによる楽しみを覚える」ということにほかならない。その意味では、レジャーは時間として「ある」ものでなく、活動として「する」ものでもなく、理想としてある「べき」ものでもなく、時間をかけて「たしなむ」ものと言えるだろう。広辞苑によれば「たしなむ」とは「好んで或る事に心をうちこむ」こと、「好んで親しむ」こととある［広辞苑 1991：1583］。また、そうして身につけた芸事などの心得があることを意味する。この「心得」とは理解・精通していることを指すので、レジャーとは「自分の関わった世界が持つ価値に自由に行き来すること」を意味する、と言っていいだろう。

　語源を手がかりにこのようにレジャーをとらえると、レジャーは楽しさやおもしろさを追求する遊びの世界にきわめて近いことがわかる。ただし同じでないとすれば、その違いは即物的・享楽的・場当たり的にその場が楽しければいいというものではなく、「自分の知らない世界」を時間をかけて知っていく喜びがベースにあるという部分だろう。

　そこでこの次に問題となるのは「どうやって自分の知らない世界にたどり着くか」ということになる。

３ ｜ カーナビでたどり着ける世界はどこか？

　「どうやって自分の知らない世界にたどり着くか」という前節の問いに対して、現代に生きるわれわれは通例「カーナビかスマホのアプリを使えばよいのではないか」と考える。カーナビ（＝自動車運転におけるナビゲーションシステム）のしくみについて考

えてみると、合理的に目的地を追求するシステムとなっている。すなわち、最短距離、あるいは最短時間、有料道路回避といったオプションを含めて、目的地への到達経路や渋滞回避といった具合に条件を入力して検索すると、目的地への最適ルートが示される。

　もちろん「自分の知らないところ」が「自分の行ったことのないところ」ということであれば、住所なり電話番号なり店名なりキーワードなりを検索画面に入力すれば済む話である。それでは自分の「行ったことのないところ」ではなく、文字通り「知らないところ」へ、カーナビを頼りに行くことはできるのだろうか。検索のできないところへ行くのにカーナビの支援を得ることはほぼ絶望的と言っていいだろう。またそのほかにできることは「私の行くべきところはどこだと思いますか？」と多くの人に尋ね、その結果から判断するという形になるかと思われるが、これでは「迷子の子猫ちゃん」になってしまう。

　「迷子」についてはまたあとで考えるとして、「自分の知らない世界」へ行くために何ができるのか、ここではまず、ナビゲーションの原理について確認するところから検討を始めてみよう。

　そもそもナビゲーションとは何か。大きく言えば、人間の移動に関わる支援のしくみということになるが、たとえば日常的な通勤や通学には当てはまらない概念であることは周知の通りである。また、非日常である休日にはじめてのところへ訪れたとしても、実際に目に見えている範囲の移動であれば当てはまらない。この点について村越はナビゲーションを「直接的に知覚できない目的地への移動であり、その移動経路が未知の場所を含んでいること」と定義づけている。そしてオリエンテーリングの競技分析から、ナビゲーションに関する認知のプロセスが、①プランニング、②ルート維持、③現在地の把握という3つの段階から成り立つとしている［村越 2004：163-175］。

　次にこのナビゲーションの世界について、実際のレジャー活

動を例に考えてみよう。

　たとえばナビゲーションが目的地への移動であるとしても、観光の場面では必ずしも目的地へ到達することだけが唯一の「正解（ゴール）」ではない。目的地に向かう「プロセスを楽しむ」あるいは「寄り道を楽しむ」ことも観光の目的となり得る。これはもっと近距離圏で行われる散歩や「まちあるき」にもあてはまることだが、事前に持っていたイメージに現場で感じたイメージをプラスし、自分の想定を超えた新たな「全体」を見つけ出せたときに、寄り道における発見と喜びが成立すると言えるだろう。

　ここで浮かび上がってくるのは「目的再帰生成可能性」の担保の重要性である。すなわち、新たな事実から全体を再構成する可能性、また数ある正解の中から想定されているものとは別の新たな正解を「発見」する可能性が感じられるとき、それは「迷子」ではなく「寄り道」として認知される、ということである。そして自分の想定していなかったところ、すなわち「自分の知らない世界」に立ち寄り、自分の知っている世界に組み込むことができたとき、それは必然的な「寄り道」と位置づけられるわけである。

　幸福の定義として知られるセレンディピティの概念において、偶然が必然へ変換され得るのは、こうした可能性を前提として踏まえたときであろう。日常的にこのことを教えてくれるのが「謎かけ」の原理で、謎かけにおいて「AとかけてBととく、そのココロはC」といった表現が笑いや賛同を得るしくみは以下のように説明できる。まず「Aと同じ属性を持つCを探す」。そして「いくつものCの中から、Aとかけ離れたBを探す」。それから「A→B→Cの順で提示する」という流れになる。そのとき、Aからは思いも寄らなかったCの「発見」に合点がいくと（笑いの）評価が得られる、ということになる。つまり謎かけでは、実際に頭を働かせる順番とそれを見せる順番を違えている

ことがわかる。

この謎かけの原理をナビゲーションに当てはめると、Aが「目的地への到達イメージ（目的の意識）」、Bが「経由地あるいは移動経路の追加・変更（想定外の発見）」、Cが「目的（あるいは最終目的地）の変更（新たな目的の気づき）」だとして、「B→A→C」の順、すなわち現地で「想定外の発見（B）」をして「本来の目的（A）に目をつぶり当初の計画（目的）を変更する（C）」ことで寄り道が成立する。

「何かおもしろいものはないかな」あるいは「なんとなく」で始まる寄り道は、本来の目的と離れるとともにそれを見直そうとする試みだったわけである。そしてそれを許容するのが散歩であり「まちあるき」ということになる。

つまり、現行のカーナビやスマホのアプリでは、入力できる明快な（想定内の）目的地までしかたどり着けないが、現地に行くと想定外の「自分の知らない世界」の入り口に立てる可能性のあることがわかる。それでは、果たしてただ現地に行きさえすればそれだけで「自分の知らない世界」にたどり着けるのか？

これが次の課題である。

◀ 「自分の知らない世界」に入るために何が必要か？

前節では、ナビゲーションの原理について検討する中で「寄り道」はなぜ発生するのか、ということを考えた。その発生原理について整理すると、「寄り道」とは目的地までの経由地とルートの変更・再設定を意味するが、それは現地に行くことではじめて可能になる、ということである。すなわち「そもそもは想定していなかったけれども、現地で『あること』を発見した結果、想定していなかったものも当初の目的に有効であると思った」、あるいは「当初の目的を変更する意味があると思った」ということになる。

表 I　アブダクションの原理

アブダクション（仮説構築）の流れ	簡略化した表現	行為の意味	通常の三段論法	寄り道の流れ
いまわれわれは鳥を見た	海の上なのに鳥がいた	事実確認	II	B：発見と経由地の追加・変更
しかしもし陸地が近いとしたら、鳥を見かけるのは当然の事柄であろう	鳥は陸地にいるものだ	既設原理との照合	I	A：目的（地）の意識
よって、陸地が近いと考えるべき理由がある	鳥がいるなら陸地は近い	仮説構築	III	C：新たな目的の気づき

　前節ではナビゲーションを事例に考えたが、目的地に到達しようとする行為を「問題解決的行為」としてとらえ直すと、現場におもむくフィールドワークの意味とそこでなすべきことが見えてくる。ここでは謎かけの原理の延長線上に「仮説構築」と言われるアブダクションの原理を整理し、「自分の知らない世界（ところ）」へ行くことの意味について、ナビゲーションの枠を超えて、すなわちフィールドワークにおける「現場」との向き合い方という観点から考えてみよう。仮説が構築される流れを整理したのが表1である。前節のナビゲーションと謎かけのところで「A→B→C」や「B→A→C」と説明したことを思い浮かべながらこの表を見てほしい。

　通常の三段論法であれば「I→II→III」の順、すなわち「鳥は陸地にいるものだ」→「海の上なのに鳥がいた」→「鳥がいるなら陸地は近い」という流れになる。すでにわかっている原理があってそれとは別の事実が確認されたとき、新たな原理に気づくという流れである。しかし、これは後から整理した因果関係にほかならない。この事例は大航海時代に大洋を渡ったマゼランやコロンブスといった船乗りたちをイメージしたものであるが、現実的には「II→I→III」の順、すなわち「海の上なのに鳥がいた」→「鳥は陸地にいるものだ」→「鳥がいるなら陸地は近い」という認識の順番になっていたと考えられる。

　これをナビゲーションにあてはめると、Aが「陸地＝目的

への到達イメージ」、Bが「経由地あるいは移動経路の追加・変更（想定外の発見）」、Cが「目的（あるいは最終目的地）の変更（新たな目的の気づき）」ということになる。

　ここで重要なのは順番である。事実経過としてはまず「海の上に鳥を発見」する。そしてそのときに「待てよ。鳥は陸地にいるものだ。ずっと海の上を飛び続けることはできないはずだから」と思い直す。そして「ということは陸地が近いはずだ」と気づく。そして全体を振り返って「ここは大洋のど真ん中のはずだが鳥がいるので近くに陸地があるはずだ」という仮説になるのである。まず「想定していなかった現実に出会う＝B」、そして「その想定外の現実に沿ってこれまでの原理（目的）＝Aを見直す」、そうすると「新しい法則＝仮説が見えてくる＝C」という順になる。つまり仮説を発見するということは「B→A→C」という順で頭を働かせることになる。ただそれを納得のいくように説明するためには「A→B→C」という順番を取らざるを得ないわけである。

　もう一歩踏み込むと、現場（フィールド）では話は常に「B」から始まる。また、そもそも「C」を得るために現地に行くわけである。だとすると、どれだけ「A」の準備をしていくかで手に入れることのできる成果は変わってくる。ただ現地に行くだけでは「自分の知らない世界（ところ）」の入り口にさえ立てない可能性もある。

5 ｜ レジャー・レクリエーションの現場（フィールド）はどこにあるか？

　これまで語源を頼りにして「何かを学んだ結果手に入れた自由な心の状態」としてレジャーを定義づけた。また、その学びはテスト勉強のようなものではなく「ある活動の楽しみ方自体を覚える」ことで、それは「自分の知らない世界（ところ）」を知ろうとするところから始まることがわかった。そして、そのためには事前の準備をして現場（フィールド）に立つ必要のあることもわかった。

その次に問題になることがあるとすれば、それは「レジャー・レクリエーションの現場はどこにあるか？」ということだろう。前述した通り、レジャーの世界はきわめて遊びの世界に近いと言えそうだ。ただし遊びの世界に関わるだけではレジャーにならない。それでは遊びの世界にどう関わればいいのか。たとえば「接待」や「つきあい」のように遊びの形を装っていても何か特定の目的や利害に関わっていると、心はそれに囚われてしまい自由になれない。つまりレジャーとして成立しない。遊びの現場は必ずしもレジャーの現場になるとは限らないのである。

　そこでこの節では、レジャー・レクリエーションの現場について考えてみたい。

　特定の目的や利害に囚われないことの重要性を指摘し、その視点からレジャーのあり方について考察をした人にヨゼフ・ピーパー（Pieper, Josef : 1904-1997）がいる。ピーパーはナチス時代のドイツを生き抜いた人で、その経験から社会における「生きづらさ」について考察をしている。

　ピーパーは労働を「活動・努力」「苦労・苦痛」「社会的機能」という3つの視点でとらえ、現代はこうした特徴を持った労働が過大評価されている社会であると指摘している。レジャーはこの3つの態度の対極にあるもので、現代では怠惰なものとして位置づけられているが、中世では「休みを知らず働くことが怠惰のしるしだ」と考えられていたと言うのである［ピーパー 1988 : 60-66］。

　さらにピーパーは、実益を基準に考えると大切なものが見えなくなると指摘している。たとえば、いま役に立つものは将来やがて役に立たなくなる。いま役に立つものの中に将来役に立つものはない。つまり将来役に立つものは、いま役に立たないように思われるものの中にこそある。これこそが文化の持つ意味であり、実益でものごとを切り捨てることは文化を破壊する行為にほかならない。そしてレジャーは労働（実益）の対極にあるものとして文化の基礎を守る意味がある、と言うのである。

それでは労働の世界、実益に関わる世界の対極にあるものは何か、と言えば、興味と関心に関わる世界と言えるだろう。実益とは一線を画した興味と関心、趣味の世界について、ピーパーは祝祭の場と自由学芸（リベラルアーツ）というものを挙げている。カトリックを背景にした哲学者であるピーパーはドイツ語で文化を表す「Kultur」からたどって礼拝「Kult」こそがレジャーの純粋形態であると結論づけているが、祝祭の場を「Celebration」（祝い事）としてとらえると、イベントや観光における集い・交流の場がレジャーとして見えてくる。またリベラルアーツというと教養と訳されることもあるように、カルチャースクールやインストラクター、インタープリテーションといった実益から離れた学びの現場（フィールド）も見えてくる。

　さらに議論を掘り下げるために、ここで現場（フィールド）の範囲について見直してみよう。文化人類学者の川喜田二郎は、科学について3つの領域があると主張している（図2）。それはテキストを読みながら思考実験を積み重ねていく「書斎科学」と地理的歴史的一回性の中で考えをまとめる「野外科学」と条件統制をして実験を繰り返すことで結果に迫る「実験科学」の3つである［川喜田 1990：6-23］。川喜田は野外科学を「フィールドサイエンス」と呼んでいるが、その基本的な手法が「フィールドワーク」である。

　もう少し具体的に現場（フィールド）に関わる視点について見てみよう。たとえばわれわれの日常生活に欠かせない消費行動を例にとると、資本主義の発展に伴う大衆消費社会と呼ばれる形にしてもそれが成立してからすでにかなり大きな変化を被っている。消費の志向が大量消費から個性化・多様化・差別化し、その後もノンブランド化・シンプル化・カジュアル化といった変化が見られる。そしてそれを支える価値観にしても、明治時代の国家重視から会社重視、個人重視から社会重視・シェア志向へと変わってきている［三浦 1988：33］。

　ここのところのシェア志向は、2つの大震災や長期の不況を起

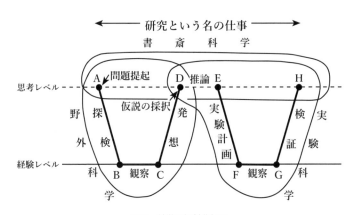

図2　科学の役割分担図
出典：［川喜田 1990：22］に加筆修正

点としたものと考えられているが、そのことで消費の形も変わってきている。たとえばシェア志向は、共感のための消費としてテーマパークの利用者増といったかたちで現れてきているし、共有や共感のためのプラットフォームとしてのSNSは、ダンスや歌の投稿の場として盛んに利用されている。それに従って、ヒットチャートもディスクの売り上げをメインにしたものからダウンロードやアクセス数をもとにしたものへ移ってきている。

　これは言い換えればリアル同士をバーチャルがつなぐ構図になっているわけだが、このことは文化的な消費が一回性ではあるけれども、一過性ではなくなることを意味する。つまり、バーチャルな世界を媒介として滞留・対流が起こってきていることになる。大手通販サイトが「この商品を買った人はこんな商品も買っています」といった営業を見せているが、こうしたライフログや「いいね」ボタンから引き出された嗜好に関わる情報は、これまで「大衆」というかたまりで動いていた人々が、少人数に分散して動くことを可能にしている。こうして紡ぎ出された小さな世界を生態系になぞらえて「メディア・ビオトープ」と呼ぶが、現代社会においては、マスメディアによって作り出

されたブームの世界とこうした「ビオトープ」とが共存している［佐々木2011：42-60］。

このリアルとバーチャルの複合構造、さらにはマスメディアと「ビオトープ」の複合構造が、直接的な実益から離れた世界（ところ）として現代におけるレジャー・レクリエーションの現場（フィールド）と位置づけられるだろう。

ただし、「自分の知らない世界（ところ）」に関わろうとする態度が求められるとすると、レジャーに関わるということは、現場（フィールド）に立つだけでは完結しない。時には「寄り道」を許容して「本道」と行き来できる「ゆらぎ」の幅を確保しておくことが求められるだろう。それは時には「ゆとり」であったり「ハンドルのあそび」といった言葉で表現される。抽象的に言えば、その「振れ幅」や境界領域にあたるところまで含めてレジャー・レクリエーションの現場（フィールド）ということになるだろうか。またそれは、時間をかけないと手に入らないという意味で、語源からとらえたレジャーの概念の範疇に収まるものといえる。

こうしてわれわれは、レジャーという観点から糧を得て現代社会の問題点を考える地平に立つことになる。

写真1　慶良間諸島阿嘉島の街中で出会ったケラマジカ

参照文献

《文献》

◆川喜田二郎『発想法——創造性開発のために』第63版、中央公論社、1990
◆佐々木俊尚『キュレーションの時代——「つながり」の情報革命が始まる』筑摩書房、2011
◆澁谷泰秀・土屋薫『余暇行動モデルの行動計量学的分析』平成12年度私学振興財団「特色ある教育研究の推進」事業報告書、2001
◆新村出編『広辞苑　第四版』岩波書店、1991、p.1583
◆デュマズディエ、ジョフレ『余暇文明へ向かって』中島巌訳、東京創元社、1980
◆ピーパー、ヨゼフ『余暇と祝祭』稲垣良典訳、講談社、1988
◆松田義幸「レジャーの価値と市場創造——レジャー産業が追求すべき視点」多摩大学総合研究所・大和ハウス工業生活研究所編『レジャー産業を考える』実教出版、1998、pp.203-226
◆松原治郎編『講座余暇の科学1——余暇社会学』垣内出版、1977
◆三浦展『第四の消費——つながりを生み出す社会へ』朝日新聞出版、2012
◆村越真「ナヴィゲーションのスキルと発想」野中健一編『野生のナヴィゲーション——民族誌から空間認知の科学へ』古今書院、2004、pp.161-192
◆安江孝司「レジャー理念の原郷」法政大学比較経済研究所・村串仁三郎・安江孝司編『比較経済研究所研究シリーズ14　レジャーと現代社会——意識・行動・産業』法政大学出版局、1999、pp.3-38
◆米盛裕二『アブダクション——仮説と発見の論理』勁草書房、2011

ブックガイド

佐々木俊尚『キュレーションの時代——「つながり」の情報革命が始まる』
筑摩書房、2011
インターネット・SNSの登場によって、マスコミを中心とした情報環境の常識が変わった。いまや誰もが情報を選んで意味づけし、他者と共有する時代が来た。そのことは人間を介した情報のやりとり、すなわち現場に立つ重要性を再認識させてくれる。

6 クマ見て森を見ず

餌資源から見た持続可能性

中島慶二

keyword

クマの種類

クマの個体数

クマの分布域

■1 │ 増加する野生動物

　野生動物はわれわれにとってさまざまな意味合いで資源である。食料など生態系サービスをもたらす生態系の一員でもあり、場面によっては重要な観光資源でもある。一方でわれわれがコントロールできない存在でもある。ここで取り上げる野生動物問題とは、近年、現代社会の重要課題の一つに名乗り出た感のある問題、すなわち、野生動物が人間へ害をもたらすという問題である。それも、外来生物ではなく在来の野生動物によるものである。在来の生物による被害が深刻な状態になるということは、近年ほとんどなかった。現在進行中の社会問題だといえるだろう。

　特に現在急増して大きな問題をひき起こしているのはシカである。本州におけるシカに関する環境省の個体数推定（図1）によれば、1989年に31万頭と推定された個体数は11年後の2000年ごろに100万頭を超え、その10年後には200万頭を超えたと推測されており、農林業だけでなく自然生態系に大きな変化をもたらしている。環境省などの調査によって、シカ以外の大型動物でも、軒並み増加傾向にあることが次第に明らかになってきた。

　大型野生動物（哺乳類）のうち、人間との間で大きなあつれきを生みやすいのはシカ、イノシシ、サル、クマの4種だろう。紙幅の関係でこの章ではこのうちサル以外の3種について取り上げる。

　シカとイノシシについては、主に農業や林業への被害が近年特に激しくなっており、被害防止に向けた政府全体での取り組みが進んでいる。10年間でシカとイノシシの数を半減させることを目標として策定された「抜本的な鳥獣捕獲強化対策」（環境省・農林水産省 2013）の基本的な方針に基づいて、農林水産省所管の「鳥獣による農林水産業等に係る被害の防止のための特別措置に関する法律」、環境省所管の「鳥獣の保護及び管理並びに狩猟の適正化に関する法律」などを活用した被害防止策が展開

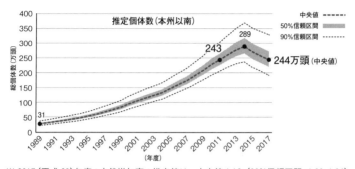

※ 2017（平成 29）年度の自然増加率の推定値は、中央値 1.16（90%信頼区間：1.09-1.24）
※ 50%信頼区間：220-273 万頭、90%信頼区間：192 万頭 -329 万頭
※ 2018（平成 30）年度の北海道の推定個体数は、約 66 万頭（北海道資料）

図1　本州におけるニホンジカの個体数推定値の変動 ［環境省 2019］

されている。

　当時、これらの大型野生動物（シカ、イノシシ、サル、加えてカワウ）は害性の強い動物であるとして政治的・社会的に問題視されていた。この4種のうち、農林業に対する影響が大きいのはイノシシであるが、シカによる被害が急増しており、当時ついに被害額でシカがイノシシを上回った。在来動物の半減方針は、特にシカについて特別の対策が必要と考えられたために出されたものである。

　それまでの環境省の鳥獣政策の基本的な方向性は、捕獲に関する各種の規制をかけて鳥獣を保護するというものであり、鳥獣の数のコントロールは、捕獲規制の強弱のコントロールによって、つまり捕獲圧力を調節することによって達成しようというものであった。もともと繁殖力が強い、または数の多い鳥獣だけを狩猟の対象としており、狩猟者1人1日当たり可能捕獲数な

どの制限を行いつつ、農林被害が激しくなれば追加の捕獲許可を出すという調整を行うのがこの法律の制度設計思想である。ただしその場合でも、捕獲圧力をかけるのは狩猟者による狩猟か、被害を受けて困っている農家から依頼を受ける形で許可された有害鳥獣捕獲によって行われてきた。鳥獣の増加を防止するのでなく減少を防止するほうに制度運用の力点が置かれていたためである。これは明治時代以降の野生鳥獣の大規模捕獲とその結果動物の数が激減した経験から定着した政府内部の常識であり、行政自ら捕獲事業を行うということは想定していなかったのである。

　シカとイノシシについてこの制度が機能しなくなってきたのは、それまで規制緩和を進めてすべての捕獲規制を外してもなおシカやイノシシの増加に歯止めがかからなくなったからである。増加に歯止めがかからなくなった原因についてはいくつかの原因が推定されているが、詳しく分析している書籍として、羽澄俊裕著『けものが街にやってくる――人口減少社会と野生動物がもたらす災害リスク』(2020) など、多くの好適な参考書があるので、そちらを参照していただくこととし、ここでは立ち入らない。

　行政が個体数を減少させるという全国的な目標を定めることは前代未聞だったが、規制緩和だけではシカとイノシシの個体数増加に対抗できなくなり、ついに環境省自ら都道府県への補助金を制度化し、予算をつけて捕獲を後押ししたのである。その後、対策の進展を受けて一時に比べて農林業被害額は下がってきており、一定の効果は出ている。環境省の発表によれば推定された個体数も頭打ちになっている (図1) が、目標の「10年後に半減」まではほど遠い状況であり、今後さらに捕獲努力を強めなければならない状況である。

　ここでは図を省略するが、イノシシについてもシカと同様の変動を示している。1頭のメスが1年に1頭の仔しか産まないシ

カと比較して、イノシシは産仔数が多く（4〜5頭）、死亡率が高いため個体数の変動予測は難しいが、シカと同様に全体の個体数を指標として対策を進めることとなっている。

　シカとイノシシの数を半分まで減らすという政策転換の時期が、遅かったのではないかとの指摘がある。目標達成のためにはシカであれば年間数十万頭もの数を捕獲しなければならない。それには、相当の人的資源、予算、体制が必要である。たとえばあと5年早ければ、必要な捕獲個体数は今の半分程度だったかもしれない。

　この政策転換が短期間にできないのにはいろいろな理由があった。行政の方針を変えるのにはそもそも法律の改正をはじめ各種手続きに時間がかかるということもあるが、最も大きい理由は、鳥獣政策を支えてきた世間の常識が変わるのに時間がかかることである。鳥獣保護法は明治以降の乱獲・大型動物の激減の反省から、原則として鳥獣（鳥類と哺乳類）の捕獲を禁止したうえで適正な狩猟により持続的な資源利用を行う考えを基本にしている。絶滅すれば取り返しがつかないので、減りすぎることに対して慎重になっているのである。この考えは日本社会の常識ともなっており、ヒトが減らしてしまった動物を、少し増加したからといって、半減させるというところまで社会が考えを変えるのは、そう簡単ではないからだ。

　特にシカは過去に激減したことがあるため、個体数の増加を意図して長い間メスジカを捕獲禁止にしてきたのである。シカ個体数の急激な増加にともなう問題の拡大に対する行政の認識は、急激な増加が始まってからしばらくの間は、それまでの方針と大きく変わるものではなかった。

　そのような情勢の中で従来の政策を転換するためには、いきなり180度の方向転換を行うことは困難である。被害の増加に関する統計や科学的なエビデンスを集積しながら、段階的に規制緩和を行いつつ、結果的には時間をかけて政策の変換が行わ

れたのである。

とはいえ、シカの急増に対しては大きな自然界の変動をリアルタイムに把握して即時対策をとるということができなかったことには間違いはない。不確実な自然の状況に対し、変化を的確にモニタリングしつつ、対応策を臨機に変更する、いわゆる「順応的管理」の考え方は、理念としては鳥獣保護行政に含まれているが、対策として打ち出せる選択肢が少なすぎたということであろう。

2 | クマの出没と人身事故

いよいよ本題のクマについて見ていこう。日本にはクマ類として北海道にすむヒグマと本州・四国にすむツキノワグマの2種類が存在するが、この稿では、特に断らない限りツキノワグマを指していると考えてほしい。クマと人のあつれきの中で、最も気にしなければならないのは、農林業被害よりもむしろ人身事故である。環境省の公表資料によると、毎年のようにクマ類（ヒグマとツキノワグマ）による人身事故が発生しており（図2）、数は少ないが死亡事故も起きている。

この期間でみると人身事故の件数は40件台から140件台まで で、年による変動が大きい。このグラフによれば、大量出没年は数年に一度程度の頻度であり、その時は件数が2〜3倍に跳ね上がる。

2020年は全国的にツキノワグマによる人身事故が多い年であり、この原稿執筆時点（11月）で年間の合計の数字は出ていないが、10月までの暫定値ですでに人身事故の件数は117件（死亡者数2）となっている。

特に衝撃的だったのは、2020年10月19日に起きた、石川県の加賀温泉駅前にある大型のショッピングセンターのストックヤードにツキノワグマが入り込んだ事件である。入り込んだツキノ

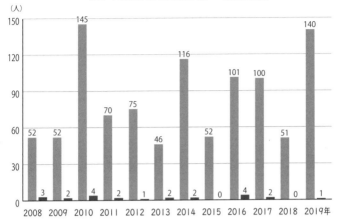

図2　クマ類による人身事故件数の推移
出典：［環境省ホームページ］より筆者作成

ワグマはそのまま店内にいすわり、夜になってからようやく駆除されたので、丸1日ショッピングセンターは開店できず、警察や猟友会、市役所の職員が対応に追われることになった。このほかにもそのころ各県でのツキノワグマ出没が相次ぎ、翌日朝日新聞は加賀温泉駅前の事件をはじめとする2020年のクマの出没の多さと原因分析を1面トップ記事として扱った［朝日新聞2020.10.20.］。

　このニュースは、何といっても駅前（それも北陸本線である）の大型ショッピングセンターの建物に入り込んだという点で衝撃的だった。クマの場合は人の傷害・死亡につながるケースがあるため、われわれの生活するエリアに入り込むと生活の安寧が失われ、出没する場所や頻度によっては社会経済機能が失われてしまうことにもなりかねない。

　これまでのわれわれの「常識」は、クマが出てくるのは人の生活エリアの端っこ、山すその里山の周辺であって街のど真ん

ブナ 　　：大凶作＜調査地点 24 か所＞大豊作 0、豊作 0、並作 0、凶作 5、大凶作 19

ミズナラ：並　作＜調査地点 22 か所＞大豊作 1、豊作 5、並作 7、凶作 7、大凶作 2

コナラ 　：凶　作＜調査地点 28 か所＞大豊作 2、豊作 1、並作 5、凶作 6、大凶作 6

＜参考　近年の餌資源調査結果＞

区分	各年度の着果状況における豊凶結果											
	H16※	H22	H23	H24	H25	H26	H27	H28	H29	H30	R1	R2
ブナ	×	×	◎◎	▲	▲	▲	◎	▲	○	○	▲	×
ミズナラ	×	○	○	◎	○	○	○	◎	○	◎◎	▲	○
コナラ	×	○	◎	◎	○	○	○	◎	○	○	○	▲
目撃件数	1,006	353	60	126	147	256	195	246	200	178	350	—
		(80)	(40)	(84)	(123)	(153)	(141)	(188)	(162)	(148)	(213)	(219)

※ H16 は大量出没があったことから事後に緊急調査を実施
※（　）内は 9 月 7 日時点の目撃件数
凡例：◎◎大豊作　◎豊作　○並作　▲凶作　×大凶作

図3　石川県の 2020 年におけるツキノワグマの餌資源調査結果［石川県 2020］
出典：石川県ホームページ　野生鳥獣の保護管理
ツキノワグマのエサ資源調査（豊凶予測）について（2019 年 9 月 10 日）

中に出てくることはない、というものである。しかしその常識は今回のケースでは簡単に崩されてしまった。もちろんこれは周囲を豊かな自然に囲まれた地方都市の話であるので、そのことを理由に例外的な事件であると片づけてしまうことは簡単である。ただしそうやって片づけてしまうことは、自然界におけるクマの状態に変動が起きていることを見逃す危険性をはらんでいる。もし大きな自然界の変動なのであれば、「あつものに懲りてなますを吹く」の愚を避けなければならないのはもちろんであるが、意外に急速に増加する大型動物の個体数動向や、早期に対策を打てなかったシカの例の反省を踏まえて、適時に適切な対策が打てるように努めなくてはならない。

　加賀温泉駅前のクマの出現事件が起きた石川県では、平成16年度と平成22年度以降に、ツキノワグマの主要な餌資源であるブナ科樹木の堅果の豊凶を調査している。これによれば、2020年はブナが大凶作、ミズナラは並作、コナラが凶作とのことで

ある（図3）。過去の調査結果とツキノワグマの目撃件数を見比べてみると、豊作の年には目撃件数が少なく、凶作の年には多くなっている。山に食物がないので里や街に出てきて食べ物を探すという見立ては、石川県でもまず間違っていないと思われる。

　2020年夏の調査の結果、クマの出没が予想され、石川県は2020年9月11日に出没注意情報を、さらにその後の出没状況を受けて10月8日に出没警戒情報を出している。先ほどの事件はこのようなさなかに起きたものである。ちなみに、その後も目撃情報は増え、11月10日段階での石川県内の目撃件数は703件となっている。

　環境省と農林水産省は、シカとイノシシに関しては、個体数半減、サルに関しては、加害個体群の半減という被害対策の基本方針を公表しているが、クマに関する被害対策の基本方針はどうなっているのだろうか。実はクマに関しては、これらのような、捕獲を主とする被害対策の基本方針を出していない。クマの被害対策の基本は捕獲ではなく、人とクマの適切な距離をとることに置かれている。

　「クマ類出没対応マニュアル」（2007）では、近年頻発する全国的なクマの大量出没の原因を、次のように分析している［環境省ホームページ］。

① エネルギー革命に伴いコナラなどブナ科樹木が多い薪炭林の伐採が激減したことによる中山間地域の森林蓄積の増大によって、ツキノワグマにとっての好適生息環境が増加した（その結果クマの個体数も増加しているはず）
② 中山間地域の人口減少、農地の放棄等による社会環境変化及び狩猟者の減少によって、人による追い払い努力が低減した（その結果クマの分布域が拡大した）
③ 年により豊凶変動が大きいブナ科堅果などのエサ不足が引

き金となり、クマの行動圏拡大をひきおこしている

　これらを踏まえ、人身被害を出さないため、以下のような対策を奨励している。

① 中山間地域に拡大したクマの生息域の前線をおしもどす（長期的対策）
② 人の食物に餌付いたクマをつくらない（結果的な餌付けを防ぐ）ために人間生活域周辺の餌資源管理を徹底する
③ 緊急時の被害防止体制（追い払い、捕獲・奥山放獣、駆除）を確立しておく

　クマの場合はシカ、イノシシ、サルと異なり、地域的には絶滅危惧種としての側面がある。九州地方ではすでに絶滅、四国地方でも絶滅に瀕しており、他の地域でも、今のところは被害があるからといってやみくもに捕獲圧力をかけることはできないのである。

　2020年の出没件数の多さを踏まえ、政府は2020年10月26日に、初めて「クマ類の出没に関する関係省庁連絡会議」（警察庁、農林水産省、林野庁、環境省）を開催した。人身被害防止対策のため、政府内の情報共有と連携強化を確認するためである。この会議のあとの環境省野生生物課長発都道府県担当部局長あての通知では、①クマ類出没時の広報体制整備、②出没時緊急連絡体制の整備、③クマ類の出没に関する注意喚起、④放置果実類や廃棄農作物などの誘因物管理強化、⑤クマ類の出没対応事例の収集及び共有、⑥「クマ類出没対応マニュアル」の活用などを都道府県に呼びかけている。これまでこのような会議の開催はなかったことを考えると、クマの出没と人身事故の増加が、全国的に深刻なレベルに達しているとみてよいのかもしれない。

3 ｜ 上高地におけるクマとのあつれき

　2020年は各地でクマの話題が多かったが、人身被害が生じて大きなニュースになったものに8月8日の上高地での事件がある。新聞各紙が報じた事件の内容を簡単にまとめると、河童橋のたもとからほど近い小梨平の野営場（野営場エリアは、河童橋から見て手前側にフリーテントサイト、奥側にコテージなどが整備されている）のフリーテントサイトの一角でソロキャンプをしていた女性が、テントの外から突然クマに襲われ、テントごと引きずられ、足をひっかかれて10針を縫うけがをしたというものである。女性はすきを見て逃げ出し、すぐ近くのトイレに立てこもって助けを呼びそれ以上の被害にはあわずに済んだ。女性のもっていた食料が食べられた様子などの状況から、人間の食物を狙って襲ったのは間違いない。

　小梨平野営場フリーテントサイトは、ここを含め一帯が環境省所管の国有地であり集団施設地区として整備された施設であって、管理は民間会社に委託しているが運営主体は環境省である。環境省は事件を受けて野営場を一時閉鎖し、野営場の利用者の事前予約導入によるコントロール、クマが隠れられるテントサイト周囲の背の高い笹薮の刈払い、食料のテント内管理の禁止など、いくつかの新たな対策を講じて野営場を再開した [環境省信越自然環境事務所 2020]。

　小梨平では、クマが出没するのは当然である。周囲は原始性の高い森林であり、上高地地区のエリアのみ島状に開発されているが、国立公園であるため開発は自然景観と調和するように行われている。その中も樹木や植生が残されており、上高地のエリアの中であっても、人工的な施設や人の存在を除けば、クマの生息環境として良好な状態を維持しているからである。考えてみればクマが出没するという表現は上高地ではおかしいのであって、クマが生息する地域で、人とクマが遭遇するという

写真1　上高地小梨平野営場の閉鎖中を知らせる看板（2020年9月筆者撮影）

ことなのだ。

　ここでは、クマと遭遇することは市街地に比べれば日常的であり、緊急事態が発生したというような特別の問題とはみなされていない。時々、人の食物に餌付く（え）クマが発生するが、その時は捕獲して奥山放獣を行うという対応をとっている。クマの生息域の前線を上高地から遠ざけるという対応ではなく、クマが生息していることを前提として、餌資源（えさ）の管理によって危険なクマを作り出さないようにするということが対策の基本だ。

　この方法でクマとのあつれきを生じさせないためには、上高地で活動する観光客や観光事業者、工事関係者などすべての人間が、餌資源を確実に管理することができるかどうかにかかっている。

　上高地ではサルの人なれが以前から問題となっており、観光客にエサをやらないよう呼びかけを行っている。この対策は一定の効果を挙げているが、実態としてサルと人との距離は極めて近く、不測の事故が発生する危険性は高まっている。サルに

関しても、人身被害を引き起こす原因は餌付け、餌付きである。今回の事件を機に、今後さらに、サルとクマによる人身被害を防止するため、人由来の餌資源の完全なコントロールに向けた対策を強化しなければならないだろう。

　仮定の話だが、「クマ類出没対応マニュアル」での大量出没の原因分析が正しく、今後、クマの個体数の増加と生息域の拡大が継続していった場合、極端な言い方をすれば、われわれの生活域がゆるやかに上高地化していくということになる。

　街なかでのクマ対策とクマの生息域での人身被害防止のためのクマ対策の違いは何か、といえば、人由来の餌資源の徹底管理ということであり基本的には変わらない。変わるのは、対策が徹底できるかどうかという点である。クマの生息域に人が入っているという意識を人間側が持っている上高地なら徹底できるかもしれないが、市街地のように人の生活範囲にクマが時々出没するという関係性では、餌資源管理を徹底することは極めて困難である。いくら環境省が都道府県に呼びかけても、簡単に成功するとは思えない。科学的なエビデンスを積み重ね、それをもとに積極的な広報を継続して実施し、人々が行動変容を受け入れ、統率が取れた行動をしなければならないからだ。

４ │ 「問い」の背景を問う

　クマの出没が話題になるたびに、必ず発せられる問いが「クマはなぜ出没するのか」であろう。テレビや新聞で、あるいは茶飲み話で、「今年はクマがよく出てくる、どうしてだろう、食べ物がないのかな」といったことが語られてきたはずだ。

　マスコミのワイドショーなどではいわゆるコメンテーターが、またはニュース番組でキャスターが、クマの出没のニュースの時にほとんど必ずと言っていいほど、「クマはなぜ出没するのか」という問いを発し、クマの食べ物の不足や環境の変化、国

土の開発、過剰な捕獲と絶滅のおそれなどについてコメントする。たいていの場合、クマの出没の理由は、「開発によって奥山の環境が悪くなり、クマが食べるエサがなくなったから、仕方なくクマは出てきている」というものである。そのあとには決まって、「だからクマは悪くない。なるべく殺さないでほしい。悪いのは人間なのだから」といったコメントで締めくくられる。

　人が優位に立っているという漠然とした了解のためであろうか。あるいは、自虐的なもの言いをするほうが賢そうに見えるからだろうか。いずれにしろ、不思議なことにこういうニュースの時、野生動物管理の専門家にコメントを求めることがほとんどない。

　「クマはなぜ出没するのか」。この問いを発する人に、なぜそんなことを聞くのかと聞いてみよう。なぜなら、と、問いの前提となっている背景を語るに違いない。たとえばこんな風に。

　「そもそも、クマは奥山にいるものでしょう。人の生活するエリアにはいない。出没しないのが当たり前で、出没するのは普通ではないのだから、その理由があるはずだ」

　考えればわかりきった話だが、「クマはなぜ出没するのか」という問いを発するのは、「クマは奥山にいて、街には出てこないもの」という認識をわれわれが無意識に持っているからなのだ。ただ、そのわかりきったことは、わかりきっているがゆえに、明確な言葉としては認識しづらいのである。「問い」の背景を問う、とは、この前提を疑ってみるということである。

　「クマは奥山にいて、何か特別の理由がなければヒトの生活範囲に出てこない。その特別の理由は人間が起こした奥山の自然破壊である」という、マスコミを中心に多くの人々が前提としている言説を明らかにしたところで、次に、その根拠を一つ一つ科学的に検討していく。それが「問い」の背景を問うということだ。

　奥山の自然破壊が、直接にエサ不足をもたらす大面積伐採や

開発を意味するのだとすれば、そのような大規模な自然破壊は、林業の衰退やバブル経済の破綻などを経て、すっかり下火になった。むしろ森林蓄積は、令和元年度「森林・林業白書」によれば、1966年の18.9億㎥から2017年の52.4億㎥と、2.7倍（天然林だけで比較しても1.5倍）となっている。森林蓄積が50%増加すれば、ふつうはドングリなどクマのエサもそれ相応に増加しているはずである。現在のツキノワグマの出没の原因となっているエサ不足を、昭和時代に行われた奥山開発に求めるのはいかにも無理がある。

　ではなぜ行動圏を拡げる年があるのか。狩猟や有害鳥獣捕獲による駆除を除くと、地域ごとのクマの総個体数を左右する最も大きな要因は、その年の餌資源の総量だからである。天敵がおらず明確ななわばりを持たないクマの場合、伐採や開発などの環境変化がほとんどなくなった現在、クマの個体数を左右するのは災害や果実の豊凶などの自然現象であると考えてよいのではないか。大きな災害がなく、餌資源量が多い年は死亡率が下がり、その結果次の年の個体数が増え、次の年にもし餌資源量が少なくなれば、1個体あたりのエサの量が減り、条件の悪い場所に生息している個体はエサ不足に陥り行動圏を拡大する。行動圏の拡大は、エサを求めて今までよりも広い範囲を移動するということであるから、里や街にエサがあるとわかればそれを目指して出てくるのである。

　生息地域の餌資源の総量が、生息しているクマが必要とするエサの総量よりも十分大きければ、森林地域だけで行動圏の拡大は納まるかもしれないが、すでに限界まで来ているということなのではないだろうか。そうなると、自然界の餌資源量の変動の影響を敏感に受けて、人間の生活圏に出現する年とそうでない年がその変動に応じて繰り返されるということになる。森林のエサの総量では養えない頭数分（おそらくこれは平均すると自然増加率分の個体数である）のクマのうちの一定数は自然の中で餓死す

るだろうが、残りの一定数は、人間の生活圏にやってきて人間とのあつれきを生むということである。

　生物の内的自然増加率はゼロではなくプラスである。環境の変動があってもそれを乗り越えられる程度以上の増加率を持たなければ簡単に絶滅してしまうからである。兵庫県のツキノワグマで試算された現状での自然増加率は、2002年から2011年までの中央値の平均で11.6％という推定値が出ている［坂田ほか2012］。毎年変わらず同じペースで増加すると10年で3倍になる高い増加率だ。この数字をそのまま現実の個体数予測に活用できるかどうかはわからないが、少なくとも兵庫県においてはクマの個体数が増加しつつあることは間違いない。

5 ｜ クマの出没をとらえ直す

　これらの推論が正しければ、「クマは奥山にいて、街には出てこないもの」ではなく、「クマは奥山だけにいるわけではなく、最近ではクマ人口が増えすぎて山の食べ物だけではまかないきれず、里や街に探しに来ている」ということになる。これを前提とすれば、街なかのクマ遭遇事件があったときの問いは「なぜクマは出没するのか」ではなく、「クマの市街地進出を食い止めるためにわれわれがなすべきことは何か」という問いになろう。

　また、この推論下で考えると、クマ出没問題の解決のためにクマのエサを山や里に補給すればよいとの考えは誤りである。仮に大量のエサを補給できたとしても、そのことは次の年に問題を持ち越すことにしかならない。この考えは、究極的には、森林生態系の中で生息できないクマを人間が養うということであり、自然増加率に従って増えるクマの個体数を際限なく増加させ続けることである。それは自然現象への対応策としては適切ではない。

もう一つ、私が今後の市街地におけるツキノワグマ対策が現実の状況変化に追い付けないだろうと危惧している点がある。動物と人の関係において、常に人が優位に立っているという漠然とした了解である。この了解があるために、開発によって動物の生息場所を奪い、動物を絶滅の危機に追いやっているのは人間であり、したがって優位に立っている人間側が可能な限り譲歩しなくてはならない、といった倫理的な意識を現代日本人が持っていることである。自然の中で野生動物と対峙してきた以前の日本人はもうほとんどいない。野生動物が場合によっては危険な存在であり、戦う相手だったことは忘れ去られた［田口2017］。危険性の高い大型野生動物であってもそれは尊い命であり、愛すべき、かわいがる対象になっている。それが個人の中で強固な倫理観として確立してしまうと、クマを傷つける他人の振るまい（クマの場合は狩猟や有害捕獲後の殺処分や駆除）を批判するようになるだろう。クマの市街地出現への対策の成否が、餌資源の管理の徹底や緊急時の駆除などの方針を住民がすべて納得し一致して対応できるかどうかにかかっているとすれば、このような日本人の「やさしさ」が対策の邪魔をし、効果が出ないのではないだろうか。

　最後に、用語の問題についても触れておきたい。「クマの出没」という言葉は慣用句のように使われているので、ここまで、その言葉のまま使っているが、その意味は、出てきたり隠れたりするということである。人間の生活エリアの端っこで森林から農地に出たり戻ったりするという今までのクマの行動パターンイメージから使われているが、「出没」という言葉は、「出てきても戻っていくもの」というイメージを想起させる。加賀温泉駅前のケースでは出没という言葉は的確な表現とはいえない。「分布拡大に伴うクマの市街地出現」「街なかでのクマとの遭遇事件」といった用語のほうが的確に表現できるのではないか。

　われわれの常識や漠然とした了解を科学的知見に基づいて変

えていくことには、こういった言葉の使用の面でも困難がつき
まとっている。マスコミがニュースで「クマの出没」ではなく、
「クマとの遭遇事件」といい、「クマは悪くないから殺すな」で
はなく「自然現象によるクマの行動圏拡大から人をどう守るか」
というようになって初めて、クマ出没問題に関する社会の背景
認識が変わったといえるだろう。

参照文献

《文献》

- ◆朝日新聞 「ここにもクマか…相次ぐ目撃、最高警戒レベルを出す県も」『朝日新聞』東京版1面、2020年10月20日
- ◆坂田宏志・岸本康誉・関香菜子「ツキノワグマの個体群動態の推定(兵庫県 2011年)」『兵庫ワイルドライフレポート』1:32-43、2012
- ◆田口洋美『クマ問題を考える──野生動物生息域拡大期のリテラシー』ヤマケイ新書、2017
- ◆羽澄俊裕『けものが街にやってくる──人口減少社会と野生動物がもたらす災害リスク』地人書館、2020

《ウェブサイト》

- ◆石川県2020.9.11.「ツキノワグマのエサ資源調査(豊凶予測)について」石川県ホームページ https://www.pref.ishikawa.lg.jp/sizen/kuma/r2esakekka.html (2020年11月15日閲覧)
- ◆環境省「クマに関する各種情報・取組」(野生鳥獣の保護及び管理)環境省ホームページ http://www.env.go.jp/nature/choju/effort/effort12/effort12.html (2020年11月15日閲覧)
- ◆環境省2019.11.1.「全国のニホンジカ及びイノシシの個体数推定等の結果について(令和元年度)」環境省ホームページ https://www.env.go.jp/press/107256.html (2020年11月15日閲覧)
- ◆環境省信越自然環境事務所2020.9.4.「中部山岳国立公園上高地における小梨平キャンプ場の一部利用再開について」環境省ホームページ http://chubu.env.go.jp/shinetsu/pre_2020/post_131.html (2020年11月27日閲覧)

ブックガイド

羽澄俊裕『けものが街にやってくる──人口減少社会と野生動物がもたらす災害リスク』
地人書館、2020
野生動物による人への被害は、農作物被害としてこれまで認識されてきた。これからは人身被害をふくめた災害並みの広範な被害を想定しなければならない。長年の経験と知見に基づく警告の書。

制度

しくみ

第3部は「制度」を扱う。制度といっても法律や行政だけではない。スポーツや文化、信仰のあり方も、人々が共有する「しくみ」があるから成り立っている。そうした「しくみ」も、広い意味では制度である。

　第7章と第8章はスポーツを扱う。第7章では、日本のプロ野球を、興行とエンタテインメントという2つの側面から分析し、ファンが魅了される理由を明らかにする。第8章では、日本のサッカーの歴史と、ワールドカップなど世界の大会を説明し、それに挑むサッカー関係者の強化と普及の方策について述べる。第9章は文化政策を扱う。何を文化とみなすかは、政策や国際的な法令によって決められる一面があり、文化のしくみを知ることの重要性が明らかになる。第10章は日本の民間信仰を扱う。医学が未発達な時期に、伝染病に対して人々が取った対策も、病気に立ち向かう「しくみ」である。その実態を通じて日本の民俗の特徴を描き出そうとしている。

　現代社会を規定するさまざまな「しくみ」を学び、そのあり方を理解しつつ、より良い社会にすべく見直す力を身につけよう。

（阿南透）

7 日本が導くプロスポーツ文化

プロ野球とエンタテインメント

広岡勲

keyword

プロ野球ファン

エンタテインメント

共感・同調

❶ | 「プロ野球」の現況

　日本に職業野球チーム（のちのプロ野球）が創設されて80余年になる。これほど長きにわたってプロ野球という興行形態が継続しているのは、なぜだろうか。そこで本章では、日本のプロスポーツ文化において、プロ野球が人々を魅了してやまない力の一端を考察していきたい。

　まずは、プロ野球の現況を知るために、2019年以前の過去15年間の公式戦入場者数を見てみることとする（図1）。なお、表1は、補足資料として参考にしていただきたい。

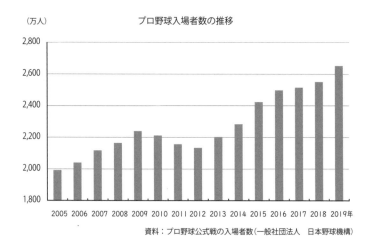

プロ野球入場者数の推移

資料：プロ野球公式戦の入場者数（一般社団法人　日本野球機構）

図1　プロ野球の観客動員数（実数発表の2005年から2019年まで）

表1　2020年の観客動員数ならびに試合数（セ・パ両リーグ合計）

公式戦	入場者数	2,754,626	2,068,952	4,823,578
2020年	試合数	360	360	720

（2020年は従来よりも3か月遅れの6月19日に無観客でのリーグ戦が始まった。その後、7月10日からは各球場で上限を最大5千人までとした有観客試合となった）

社会学的システム理論の軌跡
ソシオサイバネティクスとニクラス・ルーマン

赤堀三郎 著

システム理論を社会学的発想に活かそうとする試みを振り返り、社会学的システム理論と呼びうるパラダイムの存在を明快に提示する。 ▼四六判上製・二三六頁・三六〇〇円

〈障害者〉として社会に参加する人の才能を生かす試み
生涯学習施設で行うあらゆる人の才能を生かす試み

三谷雅純 著

〈障害〉のある人が各々の才能を活かせるよう、生涯学習施設の活動や災害放送を実際的に検討。多様な個性による社会実現を提言する。 ▼四六判上製・三〇四頁・四〇〇〇円

先祖祭祀と墓制の近代
創られた国民的習俗

問芝志保 著

墓に参り先祖に手を合わせるという「伝統」が、明治〜戦前にいかなる目論見のもとで創出されたものであったのか、その諸相に迫る。 ▼Ａ５判上製・三六二頁・五〇〇〇円

中央ヨーロッパ
歴史と文学

桂元嗣 著

さまざまな視点の中で揺れ動く「中欧」という枠組みの文化を、言語や民族の歴史とカフカやチャペックらの文学から読み解く。 ▼四六判並製・二六六頁・二八〇〇円

春風社

〒220-0044　横浜市西区紅葉ヶ丘 53　横浜市教育会館 3F
TEL (045)261-3168 ／ FAX (045)261-3169
E-MAIL：info@shumpu.com　Web：http://shumpu.com

この目録は2021年3月作成のものです。これ以降、変更の場合がありますのでご諒承ください（価格は税別です）。

用意したとの言説も目にしますが、ペストの大流行とルネサンスの間には一〇〇年の時が挟まれています。ペスト禍のなかで聖職者も多数犠牲になったといわれます。修道院で古典を渉猟する人文主義者たち（右の引用文）が登場するまえに、歴史はすでに、ペスト禍＝黒死病を経験していました。

スキナーは、ペスト禍との関連でルネサンスを論じているわけではないけれど、神でなく人間の「偉大な天才」を求め写本を漁った人びとの情熱の底に、ペストの禍根がまざまざと残っていたのでは、と想像されます。

やがて、神にすがるのでなく、人間のありようを凝視する文芸復興の時を迎えますが、二〇二一年の現在では、ペスト禍の時代に準えることができるとすれば、ペトラルカ（彼はペスト禍を経験している）を経て、一〇〇年後には、レオナルド・ダ・ヴィンチをはじめとする、いま現在においては想像すらできない人物群が登場するか

もしれず、巨いなるパラダイムシフトが起こらないとも限らない。まだ見ぬ傑物たちの登場を用意するのは、かつての時代がそうであったように、学問の灯を絶やさぬことにあると確信します。

電池切れで全てが無に帰してしまうことのないように、だれが、どこで、いつ、なにを、どのように論じたのかを明確にし、それを紙媒体に残し、積み重ねていく時間が必要ではないでしょうか。

今ほど我慢する学問の営みが、倦まず弛まず、いわば我慢する学問の営みが、今ほど求められる時はないと信じます。

次世代を担う子どもたちの姿を思い浮かべ、息のながい学問とふかい情愛を湛える研究を待ち望み、後世に手渡すべく、誠心誠意、高質の学術書を出版する版元でありつづけたいと祈念するところです。

二〇二一年春

春風社代表　三浦衛

コロナ後の学術出版社

一つの重要な発展は、古代世界の直接的な情報の急速な増大という形をとった。人文主義者たちは、とくに修道院の図書館で、気に入った古典の著者のさらなる文献を系統的に調査し始め、とりわけ（ペトラルカの表現によれば）彼らが古代の「偉大な天才」とみなしたキケロのテキストをさらに探し求めた。こうした宝探しは急速に一連の重要な発見をもたらした。キケロの『縁者・友人宛書簡集』の完全なテキストがサルターティにより一三九二年にミラノのカテドラル図書室からよみがえった。（クェンティン・スキナー［著］／門間都喜郎［訳］『近代政治思想の基礎──ルネッサンス、宗教改革の時代』春風社、二〇〇九年、九九──一〇〇頁）

ヨーロッパ政治思想の名著とされるものの翻訳

ですが、この度の新型コロナウイルスのことがなければ、自社で出版した本を、切実な気持ちで読み返すことはなかったと思います。日々、こころも、カラダも、アタマも変化します。

コロナ禍を回避するための手立てがさまざまに講じられており、わたくしども、目の前の原稿に誠実に向き合うことにおいては以前と変りありませんが、あらためて、この度のことを契機とし、コロナ後の学術出版の意義について考えてみました。

現在に沈潜し、未来を想像してばかりでも埒が明かないところがあり、どうしても歴史を振り返らざるを得ません。かつて、ヨーロッパにおいてペストが大流行し、時を経て、ルネサンスの時代がやってきます。ペストがルネサンスを

本 刊 既 の 社 風 春
評 好

人類学・社会・歴史

都市科学事典　横浜国立大学都市科学部 編

都市のあり方が人類の未来を左右する！都市の知を体系化・再編成し、経験知と融合させ実践に活かす。476項目、執筆者348名。▼Ａ５判上製函入・一〇三〇頁・二五〇〇〇円

持続可能な開発における〈文化〉の居場所
「誰一人取り残さない」開発への応答　関根久雄 編

持続可能な開発に、地域文化や文化的多様性はいかにして結びつく、結びつけられるべきか。開発学・人類学・教育学から多角的に検討。▼四六判並製・三六八頁・三五〇〇円

インド・剥き出しの世界　田中雅一・石井美保・山本達也 編

南アジア世界の身体、暴力、国家をめぐる〈闇〉とつながりへの希求。文化人類学者たちが現場から描く〈剥き出しの生〉。▼Ａ５判並製・四五六頁・四八〇〇円

親子とは何か
ナイジェリア・ハウサ社会における「里親養育」の民族誌　梅津綾子 著

「生みの親」と「育ての親」が分担して一人の子供を育てる、ナイジェリアのハウサ社会の調査から、「親子」の多様なありかたを探る。▼Ａ５判上製・三三〇頁・四一〇〇円

2005年は2,000万人を若干切ってはいるが、それ以降は多少の増減がありながらも全体的には右肩上がりの数字となっている。特に、2015年〜2019年の5年間の平均入場者数は2,500万人を超えており、なかでも、2018年には過去最高の入場者数を記録し、さらに翌2019年にその数字を上回ったことは特筆に値するであろう。この驚異的な伸び率に関しては、経済産業省大臣官房調査統計グループ経済解析室でも公式サイト上に「第3次産業活動指数のプロ野球」として紙幅を費やしている。それには、2004年にパ・リーグの球団の売却や合併構想、また、1リーグ10球団構想などによる球界やファンへの動揺がありながらも、以降も入場者数増加が続いていることを年ごとのトピックスとともに取り上げている［経済産業省大臣官房調査統計グループ経済解析室2020］。

　NPB日本プロ野球機構が公開する資料のほかに、三菱UFJリサーチ＆コンサルティングとマクロミルによる共同調査の「【速報】2019年スポーツマーケティング基礎調査」があるが、それによると、野球は「最も好きなスポーツ（単数回答）」の1位となっている［三菱UFJリサーチ＆コンサルティング 2019］。これは、2004年の当該調査開始以降、16年間連続で獲得しているもので、野球がいかに日本人に好まれるスポーツなのかを表している。また、「よく観るスポーツ（複数回答）」でも「野球」は1位となっている（2019年版では、「最も好きなスポーツ」「よく観るスポーツ」の2位はいずれもサッカー）。なお、傾向として以下の解説を引用しておきたい。

　日本のプロ野球チームを応援している人は32.2％で、昨年から0.6ポイント減少した。プロ野球ファン人口を推計すると2,685万人（昨年比90万人減）となった。WBC日本代表のファンは1,948万人、メジャーリーグ（MLB）のファンは483万人である。球団別では読売ジャイアンツが最大で607万人。Jリーグのチームを応援している人は1,061万人（昨年比93万人減）となった。チーム別ではガン

バ大阪が最大で94万人であった。サッカー日本代表のファンは2,973万人（昨年比351万人減）と大きく減った。

プロ野球ファン人口2,685万人、Jリーグファン人口1,061万人
（[三菱UFJリサーチ&コンサルティング2019.10.11.]より引用）

　この調査は、全国の15歳（中学生を除く）〜69歳の男性1,000名、女性1,000名、計2,000名の幅広い年代から回答を得ていることもあり、時節によって注目を浴びるスポーツや選手への志向が調査結果に大いに影響を与えることが推測される。たとえば、2019年にはバレーボールのワールドカップが開催されたこともあり、高まりつつあったVリーグ人気が一気に加速し、Vリーグのチームを応援しているファン人口は前年より141万人も増加し557万人を記録している。

　このように、野球に限らず、日本のプロスポーツが広く支持されるのは非常に喜ばしいことであるが、それでも、やはり「野球」への期待度や注目度は依然トップを維持している。そこで、次節の2では、プロ野球史を大まかに俯瞰し、プロ野球という存在が興行としてだけではなく、その時々に国民とともに歩んできた事実を概観していきたい。

2 ｜ プロ野球の主な歩み

　野球は、1872（明治5）年に日本に導入されたといわれており、東京大学の前身である旧制第一高等学校でのアメリカ人教師による学生への指導から浸透していった[ベースボール・マガジン社（編）2014：18]。そして、学校を中心に日本全国に普及し、大学野球リーグや中等学校（現高校）の大会で人気を博していくようになった。このようにアマ球界で野球熱が高まる中、読売新聞社の正力松太郎社長が「本当の野球を見せたい」と、1931年に米大リーグ選抜を日本に招くこととなった。これが第1回の日米野球

である。大学球界、社会人野球から全日本チームを選抜し各地で試合が行われ成功を収めたが、1932年3月に文部省が野球統制令を発令したことによって、日本の学校チームはプロ野球選手と試合をすることができなくなってしまうのである。以降は、日米野球を開催するためにはプロ野球のチームを編成することが必要となった［脇村 2007：54］。

　1934（昭和9）年には、第2回の日米野球でベーブ・ルースを中心とする米大リーグ選抜と対戦するため、巨人軍の母体となる「大日本東京野球倶楽部」が創設され、初代オーナーに就任した正力松太郎の呼びかけに応える形で、1935年12月には、大阪野球倶楽部（球団名は大阪タイガース、後の阪神タイガース）が誕生する［橘川・奈良 2009：15］。1936年1月には、大日本野球連盟名古屋協会（名古屋軍）、東京野球協会（東京セネタース）、大阪阪急野球協会（阪急）、同年2月には、大日本野球連盟東京協会（大東京軍）、名古屋野球倶楽部（名古屋金鯱軍）も相次いで誕生していった。これらの

写真Ｉ　大谷翔平選手が活躍するロサンゼルス・エンゼルスファンの熱狂ぶり
提供：サンケイスポーツ新聞社

7球団により「日本職業野球連盟」が結成され、1936年9月18日からリーグ戦がスタートしたのである。

　その後、1941（昭和16）年に太平洋戦争が勃発し1945年にリーグ戦は中止となったが、同年8月の戦争終結により翌年には再開の運びとなった。

　ところで、現在のプロ野球の組織や開催形態に近いあり方は、1950（昭和25）年の2リーグ15球団への分裂からだといえるであろう。この年から、セントラルリーグ（セ・リーグ）8球団、パシフィックリーグ（パ・リーグ）7球団での開催、および、各リーグの優勝チームで日本一を争う日本シリーズが始まった。この日本シリーズという頂上決戦に向かってシーズンを戦う形式は、各チームのファンの関心を離さず、年々盛り上がりを見せていったのである。特に巨人に関しては1965〜73年の間、王貞治、長嶋茂雄の「ONコンビ」が中心となり、川上哲治監督のもとでセ・リーグおよび日本シリーズを9連覇するなど、新聞、テレビを通じて大きな国民的人気を確立していった。こうした軌跡もあって、巨人はプロ野球界での「盟主」として不動の地位を築いていったのであった。

　しかし、巨人の連続優勝が途絶えた1974（昭和49）年に長嶋が現役を引退すると、以降は戦力の均衡が進んでいく。セ・リーグでは、広島が1979、80年と日本シリーズを2連覇し、1992、93年にはヤクルトも2連覇している。パ・リーグでは西武が1982年から1994年までの13年間でリーグ優勝を11回、日本シリーズ制覇を8回果たし、黄金時代を築いていった。球団経営の観点では、1989年、南海がダイエーに球団を譲渡し、ホークスが大阪から福岡に本拠地を移すなど、プロ野球という一領域を超えた非常に大きな変化も現れたのである。ちなみに、ホークスは長い低迷を経て王監督のもと1999、2000年とリーグ連覇を果たしている。そのほか、2004年に東京から札幌へ移転した日本ハム

写真2　日米で人気を誇った松井秀喜（対ボルチモア・オリオールズ戦前の
ファンとの交流）　　提供：ニューヨーク・ヤンキース広報部

は2006、07年とリーグ連覇を達成している。また2004年には、
近鉄・オリックス統合に端を発した球界再編問題を経て仙台に
楽天が誕生したが、これは、日本球界では50年ぶりとなる新規
参入であった。

　さて、2005年から各球団は主催試合の観客動員数（入場者数）
の実数発表を開始することとなった（2004年までは主催者の推定によ
る発表）。2004年の球界再編問題を経て、各球団は観客への特典
や球場でのイベントの充実など、ファンサービスの強化を進め
ているが、こうしたさまざまなサービスが功を奏しているかど
うかは、実数発表によって客観的に外部からもとらえられるよ
うになっていったのである。そうしたなか、巨人は2005年を
球団改革元年と位置づけ、その柱として「ファンサービス部」
を新設し、それまで広報部と企画部が担当してきたファンサー
ビス部門を一元化していく（『スポーツニッポン』2004年12月17日付5面、
2004年12月28日付3面）。また、前年に近鉄と球団を統合したオリッ
クスも、ファンサービス部門の強化を目的として2005年にファ
ンサービス部を新設している（『スポーツニッポン』2005年1月14日付4面）。

　元々は外来のスポーツであった野球だが、多くの日本人の関心を得る巨大な存在にまで発展していった。しかし、常に順風満帆な野球界だったわけではない。

　たとえば、先に記した2004年の球界再編問題は非常に深刻な危機であった。再編によって、選手の移籍や解雇の可能性を問題視した日本プロ野球選手会（古田敦也選手会長：当時）と労組は、9月18日と19日、「ストライキによるプロ野球公式戦中止（全12試合）」に踏み切っているのだ。しかし、この前代未聞の事態に対して、選手たちは、試合中止となった球場でサイン会などを行い、ファンとの交流を図っていった。当該の2004年は両リーグ併せて2,400万人強の観客動員数（主催者の推定発表）を記録したものの、ストライキ翌年には2,000万人を切る状況をもたらしている。だが、前述のとおり、各選手および各球団がファンサービスに真摯に取り組んだ成果は大きく、その後は、ほぼ右肩上がりの様相を見せ、見事に「野球人気ここにあり」というまでに返り咲いたのである。

　ところで、プロ野球は、経済構造実態調査実施事務局（総務省、経済産業省）に依拠すると、生活関連サービス業、娯楽業に区分けされる業態である。この娯楽業は、エンタテインメント業と言い換えられることも多々あり、テーマパーク、コンサート、映画や舞台演劇などの施設やイベントを想起させる。そうした領域で何らかの体験をした人々は、「エンタテインメント性を感じた」との感想を持つことも多いであろう。だが、そもそもエンタテインメントとはどういう意味をもつ言葉であり、どういう事柄を指すものだと理解するのが妥当なのであろうか。

　まずは、エンタテインメント（entertainment）の辞書的意味を確認しておく［Cowie and Hornby 1990：402］。

entertainment

① entertaining or being entertained

② thing that entertains; public performance (at a theatre, cinema, circus)

entertain

① receive somebody as guests; provide food and drink for somebody

② amuse somebody

③ be ready and willing to consider something hold something in the mind or feelings

　なお、日本語辞書には、「エンタテインメント（エンターテインメント）」は、「人を楽しませるもの。楽しむためのもの。娯楽」とあり、「娯楽」は、「心を慰め、楽しむこと。また、そのような物事。笑い」と定義されている［松村（編）2006：294］。

　次に、エンタテインメントの定義を確認する。

　ヨハン・ホイジンガが1938年に著した『ホモ・ルーデンス──人類文化と遊戯』では、「技芸、力、忍耐の競争は、古くから、時には祭祀と結びつけられ、また時には単なる子供の遊び、祭の余興として、どんな文化の中でもいつも重要な役割を占めて来た」と記されている［ホイジンガ 1971：328］。さらに、「スポーツの組織化と訓練が絶え間なく強化されてゆくと共に、長い間には純粋な遊戯内容が、そこから失われてゆくのである。このことはプロの競技者とアマチュア愛好家の分離の中に現れている」［ホイジンガ 1971：328］と論じ、プロ選手の出現により、純粋な遊びであったスポーツが変容したと分析している。

　その変容について、丹羽劭昭は『遊戯と運動文化』の中で、19〜20世紀におけるスポーツの傾向を5つ指摘している。①生活水準の向上などによる「大衆化」、②オリンピックや選手権大会

写真3　アメリカマイナーリーグ球場での花火の打ち上げ演出

の発展、プロスポーツの台頭による「高度化」、③スポーツを
サービスして利益を上げる「企業化」による普及と拡大、④学
校などでの教育目的や娯楽による営利目的などといった「手段
化」、⑤規模の拡大により経済、政治ともに関係が及ぶ「社会
化」、である［丹羽（編）1979：260-262］。

　また、湯山成徳は、『エンタテインメント ビジネス マネジメ
ント講義録「序論」』において、エンタテインメントを「単なる
娯楽以上のものとして、何らかの行事（イベント）を実施し、それ
に伴って行われる芸術的、芸能的、あるいはスポーツなどのパ
フォーマンスやプレゼンテーションにより、多くの人々の心に
直接訴えかけて感動を与え、共感・同調を呼び起こし、希望を
与え、生きる喜び、そして未来への夢と、生きていくための力
を与えること、すなわち人々に幸福をもたらすこと」［湯山 2015：

24]としている。さらに、ハロルド・L・ヴォーゲルは、『ハロルド・ヴォーゲルのエンタテインメント・ビジネス──その産業構造と経済・金融・マーケティング』で、「楽しく満足が得られる体験を生み出すもの」と定義している［ヴォーゲル 2013：7］。

　以上を要約すると、「何らかの行為や現象が受け手の心理を揺さぶること」であり、結果、そうした心の躍動によって「人を楽しませること」といえるであろう。端的にいうと、「エンタテインメントとは、人を楽しませること」だと定義でき、観戦型スポーツであるプロ野球は、まさにこの定義に値すると考えてよいだろう。

▰ | プロ野球とエンタテインメント

　それでは、プロ野球にエンタテインメント性を醸し出す重要な要素とは何かを考えていきたい。

　少しさかのぼるが、2015年3月、NPB日本野球機構の熊崎勝彦コミッショナー（当時）が以下の『コミッショナー宣言』を発表した。コミッショナーとは、組織における最高権限を有する責任者のことを指すが、なぜ、最高権限者名でこの宣言が公言されたのかを考えながら読んでみてほしい。

『コミッショナー宣言』
日本野球機構　熊崎勝彦コミッショナー　2015年3月25日発表

80年以上の歴史を持つプロ野球が、将来に向け更なる発展を遂げ、「文化的公共財」であり続けるためには、試合そのものを常に魅力あるものにしなければならない。そのために今回、初めて12球団、監督・コーチ、選手、審判員等プロ野球関係者が一体となり、いかにすればよりよい試合をファンの皆様にご覧いただけるかを真剣に話し合うことになった。

プロフェッショナルである以上、最高の技術をぶつけ合い、フェアプレイの精神の下、常に子供たちの模範となり、憧れの存在であることを忘れてはならない。そして、多くのファンに歓迎される試合をすることは、プロ野球に携わる者すべての責務である。今シーズンより、ゲームオペレーションの一つとして、日本プロ野球の素晴らしさをより高めるべく、スピーディーな試合進行の実現に挑戦する。

　この宣言の末尾には、かなり具体的な策の内容が明記されている。「スピーディーな試合進行」、つまり試合時間短縮を目標に掲げるといっているのである。しかも、「日本プロ野球の素晴らしさをより高める」ためにこの策が必要であるとも謳っている。つまり、この『コミッショナー宣言』は、試合時間短縮を明文化することを目的に発表されたととらえるのが自然だが、それは、試合時間の長短が何らかの形でファンの心理に変化を与えているとNPB側が解釈したからである。NPB側がそう解釈する背景となった事象をまとめたのが図2と図3である。

　NPB側の宣言の背景には、図3で示したアメリカ大リーグ（MLB）の取り組みが先行している。アメリカにおけるプロ野球は日本以上に興行規模などが大きいことは広く知られているだろう。アメリカ4大スポーツ（ベースボール（MLB）、アメリカンフットボール（NFL）、バスケットボール（NBA）、アイスホッケー（NHL））の一角を占めるベースボールは、長きにわたって絶大なファンを獲得し続けている。それにはMLBと各チーム共同の企業努力があり、その一環として打ち出されたものに、「スピーディーでエキサイティングな商品開発に取り組む」という施策があった。そこで、図2のように、NPBもMLB同様の策に打って出ることにしたのだった。確かに、時代はスピード化、電子化、個人化がますます進んでおり、これは日米を問わない現象である。しかし、日米両国での野球の歴史やファンのあり方、ひいては国民性の違いなどを加味すると、熊崎コミッショナー（当時）が掲げた「ス

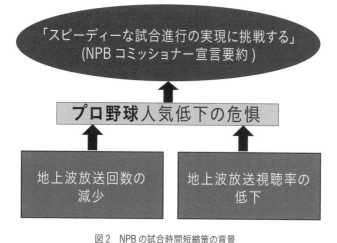

「スピーディーな試合進行の実現に挑戦する」
(NPB コミッショナー宣言要約)

プロ野球人気低下の危惧

地上波放送回数の減少

地上波放送視聴率の低下

図2　NPB の試合時間短縮策の背景

「スピーディーでエキサイティングな
商品開発に取り組む」

(2015年2月21日 MLB ロブ・マンフレッドコミッショナー
就任会見要旨)

大リーグ人気低下の危惧

若者の消費行動の変化

「スマホやタブレットの発達により、
若者の消費行動は変わりつつある。
3時間もテレビの前にかじりついて
野球観戦している姿を想像するのは難しい」

他スポーツへのファンの流出

「野球は若者たちの間では、
退屈なスポーツとみられている」

図3　MLB の試合時間短縮策の背景

ピーディーな試合進行」施策への特化は果たして有効なのであろうか。そこで、この試合時間短縮を一例にして、日本プロ野球のファン像を探ってみたい。

5 | 日本のファンが求めるもの

作家兼ジャーナリストのロバート・ホワイティング（アメリカ・1942年-）は、その著書『菊とバット』において、日本人と野球との関わりを鋭く、かつ、軽快に指摘している。少し長くなるが、興味深い箇所を引用したい。

> 洗練されていることにかけては、日本のファンはおそらく世界一だろう。三時間半に及ぶゲームの間じっと坐って退屈もせず、一球も見逃さず、時間切れ引き分けになっても文句ひとつ言わない。野球を"作戦ゲーム"として見ているからだ——ここでピッチャーはあのバッターを歩かせるか、それとも勝負に出るか、あるいはわざと外して逃げるだろうか。攻撃側はヒットエンドランをかけるか、スクイズか、それとも盗塁でくるか・・・。日本のファンはゲームのあらゆる瞬間に目をこらし、双方の選手の長所短所を知り抜き、自分が監督をしているつもりになって楽しむ。
>
> ［ホワイティング 1991：207］

この本の原題は *The Chrysanthemum and the bat: The game Japanese play* で、1977年にアメリカで出版され高評価を得た。著者は、日本での生活経験もあり野球にも精通している人物である。初版から40年も経っており現代感覚とのズレを感じる箇所も存在するが、非常にわかりやすく要点がとらえられており、日本の野球ファン像を客観的に知ることができる良書として名高い。

ところで、先に引用した箇所にある「野球を"作戦ゲーム"として見ている」ということなどが、わざわざ取り上げられていることを不思議に思う人もいるのではないだろうか。それでは、もう一か所、なぜここが取り立てられるのだろうかと思われそうな箇所を引用してみることとする。

　　日本では、マウンドでの話し合いやバッターとコーチのひそひそ話が、優にアメリカの二倍はある。それでもファンは気にしない。こうした話し合いがプレーの大事な一部になっているからだ。日本人は野球の醍醐味を、投手と打者との「神経戦」と考える。日本人にとってはこれが何よりエキサイティングなのだ。ちょうど相撲の取組みと同じで、両力士は戦う前の儀式として長々と睨み合うが、この睨み合いが長ければ長いほど、テンションは高まるらしい（実際の勝負は、たいてい数秒間で終わってしまう）。

　　　　　　　　　　　　　　　　　[ホワイティング 1991：208]

　この引用箇所にある「神経戦」も、ファンを語るときの着眼点となりそうである。
　さて、40年前に書かれた野球ファン像の一端を『菊とバット』から抽出してみたが、現在のファンと大きな隔たりはあるだろうか。以下に、筆者（広岡）が実施した調査から、その差異を見ていくこととする。

　この調査（図4）は、熊崎コミッショナー宣言の発表後、球場観戦のファンに直接アンケートを行ったものである。予備知識として試合時間に関するデータを図5に示したが、『菊とバット』が書かれた70年代後半から比べると平均で30分強も長くなっていることが見て取れる。しかし、図6の結果からもわかるとおり、試合時間短縮という施策に対して「評価できない」「全く評価で

日時	2015 年 11 月 23 日（月） 午前 10 時〜12 時（ファンフェスタイベント開場までの時間帯）
場所	東京ドームのゲート外（GATE20、21、22、23、24、25）
調査対象	ジャイアンツファンフェスタ来場者 194 人 （有効回答数 194）
質問項目	「今年 4 月、日本野球機構（NPB）が試合時間短縮策を打ち出しました。あなたは評価しますか？」 回答者の評価具合を「全く評価できない、評価できない、どちらでもない、評価できる、とても評価できる」の 5 段階から 1 つ選択のうえ、その理由を自由回答で記述してもらった。

図4　試合時間短縮策に対する予備調査の概要

きない」がやや上回っている。その理由として、パフォーマンスへの影響懸念、心理状態、間合いへの言及も多く、これは本章第3節の「エンタテインメントについて」（144ページ）で掲げたエンタテインメントが持つ「共感・同調を呼び起こし……」を文字どおりファンが体感していると読むことができる。また、こうした意見は、『菊とバット』で語られた「作戦ゲーム」や「神経戦」として野球を観戦する日本のファンのあり様そのものでもある。単に勝敗にのみ興味を覚えるのではなく、眼前でプレーする選手の身体や心理に自分自身を投影させ、勝負の決着までの過程を選手になりきって見守っているといえるであろう。球場での直接観戦は、テレビ観戦では視認することができない自分なりの視点で諸々のプレーを把握できる、その醍醐味を求めているととらえられるのだ。

❻ ｜ ファンと選手の協働が生み出す新たな感動

　さて、ファンは、野球から「共感・同調」というエンタテイ

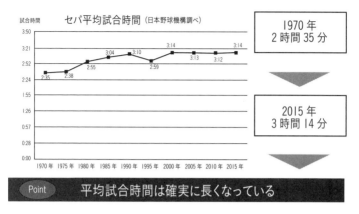

図5 過去45年間のセ・パ両リーグ平均試合時間（9回試合）

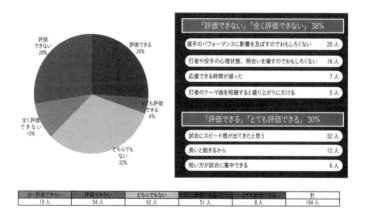

図6 試合時間短縮策に対する予備調査の結果

ンメント性を感受することで一体感を味わい、そこから得られる喜びをさらなる応援への活力としているが、近年、その活力は協働という形で新しい可能性を生み出している。その一例として、読売巨人軍が実施している G ♡ hands を取り上げたい。

　このG ♡ hands とは2015年3月より始まったもので、「巨人軍の選手やスタッフばかりでなく、ファンの方々とも手を取り合い、さまざまな支援の輪を広げていくことを目的としています。【G ♡ hands】は、"ふれあい"をキーワードに、よりよい社会づくりに貢献できるよう活動を続けていきます」(読売巨人軍ホームページ)という社会貢献活動である。当然ながら、プロ野球球団は利益を追求する私企業であり、自社活動の社会的影響力にアンテナを張り、ステークホルダー(消費者、従業員、株主、地域社会などの利害関係者)との良好な関係を構築していくことが事業の継続や発展に結びついていく。それは、CSR (Corporate Social Responsibility) と称される企業の社会的責任をいかに果たしていくかという姿勢でもある。

　江戸川大学もこのG ♡ hands に共感し協働している一員であるが、参画にあたっては全面的に学生が中心になって取り組んでいる。学生たちは活動をとおしてファンや選手たちと交流し一つの目的に向かって場を共有することで、エンタテインメント＝「単なる娯楽以上のもの」[湯山 2015]を感じ取っている。それは、これまでのファンサービス——送り手は選手または球団、受け手はファン——といった構図ではなく、一緒に成し遂げる喜びが直に味わえるもの、双方向が生み出す新たな感動である。

　世相が娯楽やエンタテインメントのとらえ方を変え、それがプロ野球のファンサービスのあり方も変えていく。ファンは、憧れの選手たちとの協働が社会貢献につながっていくという新しいプロ野球の楽しみ方に、ますます心を惹きつけられていくであろう。チームを応援することに対して今まで抱いたことのな

い意義を感じるとき、さらにプロ野球に魅了されていくのではないだろうか。

写真4・5　パラスポーツの認知向上に寄与するため、G♡hands の「パラスポーツ体験イベント」で活動する江戸川大学の学生たち　　提供：読売巨人軍

参照文献

《文献》

◆ ヴォーゲル、ハロルド・L『ハロルド・ヴォーゲルのエンタテインメント・ビジネス——その産業構造と経済・金融・マーケティング』助川たかね訳、慶應義塾大学出版会、2013

◆ 橘川武郎・奈良堂史『ファンから観たプロ野球の歴史』日本経済評論社、2009

◆ 丹羽劭昭(編)『遊戯と運動文化』道和書院、1979

◆ ベースボール・マガジン社(編)『プロ野球80年史』ベースボール・マガジン社、2014

◆ ホイジンガ、ヨハン『ホモ・ルーデンス——人類文化と遊戯』高橋英夫訳、中央公論社、1971

◆ ホワイティング、ロバート『菊とバット』松井みどり訳、文春文庫、1991

◆ 松村明(編)『大辞林 第三版』三省堂、2006

◆ 湯山成徳『エンタテインメント ビジネス マネジメント講義録』朝日出版社、2015

◆ 脇村春夫『日本の野球の歩み——普及・発展・低迷』(出版社記載なし)、2007

◆ Cowie, A.P. and A. S. Hornby, *Oxford Advanced Learner's Dictionary Worksheets*. 4th edition. Oxford University Press.1990

《ウェブサイト》

◆ 経済産業省大臣官房調査統計グループ経済解析室2020.9.28.「2019年のプロ野球観戦者数は過去最高を更新。何がプロ野球ファンを増やしたのか?」経済産業省ホームページ　https://www.meti.go.jp/statistics/toppage/report/minikaisetsu/hitokoto_kako/20200928hitokoto.html　(2020年10月30日閲覧)

◆ 三菱UFJリサーチ＆コンサルティング2019.10.11.「【速報】2019年スポーツマーケティング基礎調査」三菱UFJリサーチ＆コンサルティングホームページ https://www.murc.jp/wp-content/uploads/2019/10/news_release_191011.pdf (2020年10月30日閲覧)

ブック
ガイド

〜〜〜〜〜〜

広岡勲『道は自分で切りひらく──大リーガーたちのチャレンジ』
岩波ジュニア新書、2007

大リーグには、人種や文化の相違などが常に存在している。野球という競技のもと
に集いながらも乗り越えなければならない繊細で強靭な壁があるのだ。その「壁」
を乗り越えて、名選手が誕生していく一端を本著で知っていただければ光栄である。

8
だから日本サッカーの「今」がある

世界標準へ向けた歴史的検証

末永尚

keyword

デットマール・クラマー

代表強化

グラスルーツ

１ ┃ 歴史から学ぼう

　サッカーは世界の国々で親しまれているスポーツの一つである。最高位の世界大会であるFIFAワールドカップは、オリンピックに並ぶメガイベントであることは皆さんも周知の通りである。日本のサッカーも長年このワールドカップに出場することを目指し、1998年のフランス大会では悲願の初出場を果たした。その後2018年のロシア大会まで6大会に連続出場を果たすなど、日本サッカーは目覚ましい進歩を遂げている。では、現在までの日本サッカーの発展にはどのような背景があったのだろうか？　その歴史を紐解きながら日本サッカーの変化を知るとともに、この先日本サッカーが目指しているものは何か、皆さんと一緒に探ってみよう。

２ ┃ 日本サッカーの誕生と歴史

　日本にサッカーが誕生したのは、江戸時代から明治時代に変わろうとする時代であった。英国（イギリス）で生まれたフットボール（サッカー）が、日本が欧米の国々に対して開国し、多くの外国人が日本に移入してきたのと同時に英国人によって日本に伝えられた。ちなみに日本で最初にフットボールが伝えられたのは横浜だった。1878（明治11）年に体操伝習所という教員養成機関が設立され、そこでの教育の一つとしてフットボール（当時はまだサッカーという呼び名ではなかった）が取り入れられた。その後体操伝習所の卒業生は、各地の学校に教師として赴任し、フットボールも日本全国に広がっていった［後藤 2007：29］。

　1886（明治19）年に体操伝習所は高等師範学校に名称を変え、さらに東京高等師範学校、東京教育大学、そして筑波大学と名前を変えていった。これら全国の師範学校に赴任した教師の手によって、その学校にサッカー部（フットボール部）が作られるよ

うになったのである。1917（大正6）年5月に開催された第3回極東選手権大会に東京高等師範チームが参加したことは、日本国内にサッカーの関心を高め、それを機に日本各地でサッカーの大会が開催されるようになった。現在、お正月に行われている「全国高等学校サッカー選手権大会」は1918（大正7）年1月、大阪の豊中で開催された「日本フットボール大会」が前身となった大会である［後藤2007：29］。

1921（大正10）年の9月には国内初のサッカー組織となる大日本蹴球協会が発足した。また、1929（昭和4）年5月17日にはFIFA（国際サッカー連盟）に正式加盟することになる。こうして日本サッカーは徐々に組織化され、世界を目指す方向へと発展していった。

このような日本サッカーの成長を象徴するのが、1927（昭和2）年の日本サッカー史上初めての国際試合での勝利である。第8回極東選手権大会に参加した日本代表チームが、フィリピンを2対1で破ったのである［後藤2007：42］。そして、この勝利の翌年には、FIFAへの加盟を打診する。

1928年6月のアムステルダム・オリンピックに日本選手団本部役員として参加した大日本蹴球協会理事の野津謙が、体育協会の岸清一会長とともに当時アムステルダムに置かれていたFIFA本部を訪れ、FIFA名誉理事のカール・アントン・ウィレルム・ヒルシュマンと面談し、口頭でFIFA加盟を申し入れた。FIFAは7月25日付で日本を仮加盟させ、翌1929（昭和4）年5月17日付にスペインのバルセロナで開かれたFIFA総会で正式に加盟が承認された（戦争で一度除名されるが、1950年に再び復帰）［後藤2007：44］。

国際大会での初優勝は、1930（昭和5）年の第9回極東選手権大会だった（中華民国と同時優勝）。

❸ | 20世紀後半の日本サッカーの展開

　戦後、再出発することとなった日本サッカーは、徐々にその実力を高めていく。その大きな足跡の一つが、1968年に開催されたメキシコ・オリンピックでの日本代表チームの銅メダル獲得である。これは日本サッカー史上初の栄光であった。その成果の背景にはデットマール・クラマーというドイツ人コーチとの出会いが関係している。

　メキシコ・オリンピックの前大会に当たる1964（昭和39）年は、アジアで初めて東京でオリンピックが開催された大会であった。そこで日本蹴球協会（1947年大日本蹴球協会から改称）は、その強化策として日本代表チームの指導に外国人コーチを招聘した。その指導者が西ドイツから招聘されたデットマール・クラマーであった。クラマーの指導を受けた日本代表選手達は、東京オリンピックで南米のアルゼンチンを破る快挙を成し遂げるなど、素晴らしい成長を見せた。クラマーは、東京オリンピック後、コーチの育成、グラウンドの芝生化、リーグ戦形式の採用など5つの提言を残し、日本代表コーチの任を終えた。そして日本蹴球協会はクラマーの提言を実現させるべく、翌年に日本サッカーリーグ（JSL）を発足させた。そして、その4年後のメキシコ・オリンピックでは準決勝まで進出し、その試合でハンガリーに敗れるも、3位決定戦で地元メキシコを2対0で破り、日本サッカー史上初のオリンピック銅メダルを成し遂げたのである。

　1968年のオリンピック銅メダル後、日本サッカーは着実な成長を見せていき、次の目標はワールドカップ出場へと期待が膨らんでいった。しかし、1970〜80年代の間、日本代表チームはワールドカップアジア予選の壁を突破することができないでいた。そして、1990年代に入り、日本サッカーに変革が起きる。日本サッカーのプロリーグ化である。

　1993（平成5）年、プロサッカーリーグ「Jリーグ」が開幕し、

空前のサッカー・ブームが巻き起こっていた。そんなサッカー・ブームの背景に、歴史にその名を刻むこととなった出来事が、「ドーハの悲劇」であり、「ジョホールバルの歓喜」である。

　Jリーグが開幕する前年の1992年、日本代表チームには、初の外国人監督としてオランダ人のハンス・オフトが就任し、悲願のワールドカップ出場を目指し代表強化を行った。オフト監督就任以降、日本代表はアジアカップを初制覇するなど、目覚ましい進歩を遂げていった。そして、Jリーグが開幕した同年、アメリカ・ワールドカップのアジア予選が開催された。1次予選を無敗で勝ち進んだ日本代表は最終予選に駒を進める。アジア最終予選は1993年10月にカタールの首都ドーハで行われた。

　現在の最終予選のやり方は、対戦国とのホーム＆アウェーでのリーグ戦方式で行われるが、この時は1次予選を通過した日本、韓国、北朝鮮、イラン、イラク、サウジアラビアの6ヶ国による総当たりのリーグ戦をカタール国内のスタジアムで行い、その中から上位2ヶ国がワールドカップの出場権を獲得できた。日本は、初戦のサウジアラビアに引き分け、第2戦イランに1対2で敗戦、第3戦北朝鮮に3対0で勝利、第4戦韓国に1対0で勝利し、2勝1敗1分で最終戦のイラク戦を迎えた。

　日本はこの時点でグループ首位にいたため、この試合に勝てれば初めてのワールドカップ出場が決まる状況だった。試合は、前半5分に三浦知良選手の得点で幸先よくリードし、後半55分に同点にされるも、後半69分に中山雅史選手の得点で再びリードした。このまま逃げ切れれば日本の勝利で終わり、ワールドカップ出場が決まる。ところが、後半90分を過ぎロスタイムに入ったところで、イラクのコーナーキックからオムラム・サムラン選手が得点し、日本は土壇場で追いつかれてしまった。そのまま2対2で試合は終了し、同時刻に行われていたサウジアラビアと韓国に順位を抜かれて最終予選3位となり、悲願のワールドカップ出場は叶わなかった。後にこの試合は「ドーハの悲劇」

として語り継がれ、サッカーは最後の最後まで何が起こるかわからないという教訓を日本サッカーに教えるものとなった。

ドーハの悲劇以後、1994（平成6）年から加茂周氏が監督に就任し、日本代表チームはフランス・ワールドカップの出場を目指していた。アジア最終予選は、1次予選各組を勝ち抜いてきた10チームを5チームずつ2組に分けて、ホーム＆アウェー方式の2回戦総当たりで行うこととされた。各組首位の2チームと2位同士のプレーオフの勝者が出場権を獲得できるというわけである。

日本は、韓国、ウズベキスタン、UAE、カザフスタンと同じ組に入り、1997年6月から8試合を戦った。日本が1回戦目の4試合を終えたところで加茂監督が解任され、コーチの岡田武史が監督に昇格するという難局があったものの、2回戦目ではアウェーでの韓国戦に勝利するなど2勝2分の戦績で、最終的に3勝1敗4分で2位となり、第3代表権をかけたプレーオフに回ることとなった。

この第3代表決定戦は、マレーシアのジョホールバルという地で行われることになり、イランと一発勝負の対戦となった。試合は、2対2の同点で「ゴールデンゴール方式」による延長戦に突入した。ゴールデンゴール方式とは、90分の試合を同点で終えた後に行われる延長戦で、ゴールが決まった時点で試合終了となり、ゴールを決めた側のチームを勝利チームとする方式である。そして、延長後半12分（延長戦は15分ハーフ）に中田英寿選手の打ったシュートをイランGKがはじき、そのこぼれ球を延長戦から交代出場で入った岡野雅行選手がスライディングしながらゴールに押し込む決勝点を挙げ、日本代表は悲願のワールドカップ出場を決めたのである。この勝利は国内では「ジョホールバルの歓喜」と讃えられ、盛大に報道された。

4 | 21世紀の日本サッカー
——2002年日韓ワールドカップとその後の展開

　1996年に、フランス・ワールドカップの次の大会が、日本と韓国の共同開催で行われることが決定していた。開催国となる日本は、アジアの予選は免除され本大会に出場することができるので、じっくり4年間をかけて代表強化を行うことができた。その指揮を任されたのが、フランス・ワールドカップ後に就任したフランス人のフィリップ・トルシエ監督だった。トルシエ監督は、20歳以下の代表（U-20代表）やオリンピック代表の監督も兼任し、若手の代表強化にも携わることで世代的な底上げも図っていった。そんな中、1999年のワールドユース選手権（現在のU-20ワールドカップ）で準優勝、2000年のシドニーオリンピックでベスト16といった成績を残したメンバーが、2002年の日本代表に多く選出された。

　そして臨んだ日韓・ワールドカップでは、開催国の利を生かしながらも、予選グループでは欧州の強豪ベルギーに引き分けてワールドカップ初の勝点をとり、第2戦ロシアに1対0で勝利しワールドカップ初勝利をあげ、第3戦チュニジアに2対0で勝利しグループ首位で初の決勝トーナメントに進出することができた。日本国民誰もが日本のベスト8を期待した決勝トーナメント1回戦であったが、相手のトルコに0対1で敗れ、ベスト16で自国開催のワールドカップを終えることになったのである。

　2002年の日韓・ワールドカップをこれまでの最高成績で終えた日本は、その後も2006年のドイツ大会、2010年の南アフリカ大会、2014年のブラジル大会、2018年のロシア大会と4大会連続でワールドカップ出場を果たしている。2002年に残したベスト16は、2010年南アフリカ大会と2018年ロシア大会でも同じ成績だった。2010年はPK合戦までいき敗北、2018年は試合終了間際の逆転敗けと、どちらもあと一歩のところまでできながらも

ベスト16の壁を越えられないでいる。

　ワールドカップ出場がまだ夢物語であった1900年代から比べると、現在では日本がワールドカップに出場することは当たり前なことと、多くの日本国民もメディアもそう思う世の中に変わってきている。

表1　日本代表のワールドカップ戦績（筆者作成）

年	開催国	監督	成績
1998	フランス	岡田 武史	グループステージ敗退
2002	日本・韓国	フィリップ・トルシエ	ベスト16
2006	ドイツ	ジーコ	グループステージ敗退
2010	南アフリカ	岡田 武史	ベスト16
2014	ブラジル	アルベルト・ザッケローニ	グループステージ敗退
2018	ロシア	西野 朗	ベスト16

5 | JFA の目標と今後の強化策

　日本サッカー協会では、2005年1月1日に「JFA2005年宣言」を出した［日本サッカー協会 2016：4］。その中にある「理念」や「ビジョン」の実現に向けて、現在の日本サッカー協会の取り組みがある。

　「JFA2005年宣言」の中ではまた「JFAの約束2015」と「JFAの約束2050」という2つの中長期目標も掲げられていた。そして2015年には、「JFA2005年宣言」からの10年間の取り組みを総括すると共に、「JFAの約束2050」の実現に向けて、新たに「JFAの目標2030」（図2）が設定された［日本サッカー協会］。

　ここで打ち出されたのが、「世界を基準とした強化策」（図3）を行っていくという方針と、その推進策として「三位一体＋普及」（図4）を実行していくという方針である。日本サッカーの現

図１　JFA2005 年宣言（出典：日本サッカー協会公式ホームページ）

状と展望を考える上で重要な点であるので、日本サッカー協会ホームページの記載をもとに、それぞれ確認していこう。

　まず、日本全体のサッカーのレベルを上げていくためには、常に世界を基準としてその強化策を考えていくことが重要となる。各年代の世界大会のサッカーを分析・評価し、そこから抽出された課題から克服のシナリオを作成、そして各年代の日本代表チーム、ユース育成、指導者養成といったところで課題の克服を試み、そして再び各年代の世界大会にチャレンジするというサイクルを実施していく。その内容を日本サッカー界全体に頒布して、今後の強化育成に関する情報や方向性の共有化を図り、日本全体のレベルアップを図ることを目指していく。これが、世界を基準とした強化策という方針である（図3）。

　そして、このような強化策の具体的指針となるのが、「三位一体」の強化策である。

　三位一体の強化策とは、①代表強化、②ユース（若年層）育成、③指導者養成という3つの部門が同じ知識・情報を持ち、より緻

JFAの目標2030

[普及]
2030年までに、サッカーファミリーが800万人になる。

> 普及目標2018 サッカーファミリー560万人　普及目標2022 サッカーファミリー640万人

[強化]
日本代表チームは、FIFA ワールドカップに出場し続け、
2030年までに、ベスト4に入る。

> 強化目標2018 FIFAランキングトップ20　強化目標2022 FIFAランキングトップ10

※選手・指導者・審判・運営スタッフ・サポーター等の普及目標の詳細は別途策定
※上記「日本代表チーム」は、SAMURAI BLUEを指す。

上記のふたつの目標を達成するために、
基盤整備に努め、2030年までに、世界でトップ3の組織になる。

図2　JFAの目標2030（出典：日本サッカー協会公式ホームページ）

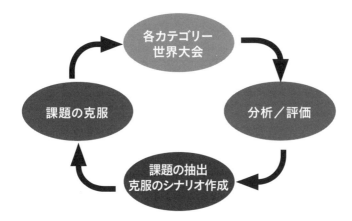

図3　世界を基準とした強化策の推進（出典：日本サッカー協会公式ホームページ）

密な関係を保ちながら、選手の強化育成と日本サッカーのレベルアップを図るというシステムのことである。

　代表の強化は、代表となった選手を集めての短期の強化のみではなく、日々の所属チームでのトレーニングによってなされるものである。また、1人の選手は中期的、長期的な計画の中で、ユース年代からの育成の積み重ねによって強化されていくものである。日本では、ナショナルトレーニングセンターを頂点とするトレセン制度によって、日本全体のユース育成の枠組みを整え、さらにエリートプログラム、JFAアカデミーなどによってレベルアップを図っている。そして、そういった選手たちを日々指導するのは指導者であり、質の高い選手の育成は、指導者による日々の指導のレベルが高くなければなし得ない。

　また、日本サッカー協会は2002年ワールドカップ以降、とくに普及の重要性に着目し、方針を「三位一体＋普及」へと修正した（図4）。グラスツールなくして代表の強化もあり得ないという考えから、キッズをはじめとするサッカーを愛する多くのサッカーファミリーの存在あってこそ、その国のサッカーは厚くなり、総合力がついていくものと考えているのである。

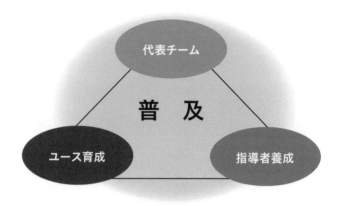

図4 三位一体＋普及の強化策（出典：日本サッカー協会公式ホームページ）

❻ ┃ 日本サッカーが目指すもの

　前述した「JFA2005年宣言」の中で、サッカー協会は2050年までに、1,000万人のサッカーファミリーを作ることと、ワールドカップを日本で開催し、その大会で優勝するという長期目標を掲げている。その実現に向かうためには、強化と普及の両方の発展が欠かせないことを紹介した。競技スポーツを見た場合、代表チームの「強化」ばかりに目がいきがちになるが、それと並行して「普及」というその競技の裾野を広げ、サッカーを日本のスポーツ文化として醸成していくことで、はじめて世界のトップを狙える国になるのである。そこに、日本サッカーの目指すものがある。

参照文献

《文献》

◆後藤健生『日本サッカー史——日本代表の90年』双葉社、2007
◆日本サッカー協会『JFA指導指針2017』日本サッカー協会、2016

《ウェブサイト》

◆日本サッカー協会「JFAの目標」日本サッカー協会ホームページ http://www.jfa.jp/about_jfa/dream/(2019年5月7日閲覧)
◆日本サッカー協会「選手育成」日本サッカー協会ホームページ http://www.jfa.jp/youth_development/outline/(2019年5月7日閲覧)

ブックガイド

小倉純二『「平成日本サッカー」秘史——熱狂と歓喜はこうして生まれた』
講談社＋α新書、2019
本書は、平成の時代のまさに日本サッカーの隆盛を中心に書かれたものであるが、そういった時代になるまでの日本サッカーの苦難も記されている。苦難の時代があったからこそ今がある。そんな日本サッカー史の陰と陽の両面を読者には知ってもらえたらと思う。

9 文化のちから

法と政策から考える現代社会

関根理恵

keyword

文化

政策

国際法規

■1 │ 文化とは──国際社会における文化の定義

　「文化」と聞くと、心がわくわくする。なんかステキな響き
がする。一方で、それがなにかと聞かれても、うまく説明がで
きない。文化は、なんとなく格調高くもあるし、ある種の親し
みやすさもある。とはいえ、とらえどころがない。なぜ、文化
はとらえどころがないのか。それは、文化は、盛者必衰と見え
て大きな時間軸の中でリバイバルがあり、価値の変動とともに
評価も変わるからだ。また、文化によって生みだされた「モノ」
や「ワザ」たちは、人気の安定を保つために、いつも同じとい
うクオリティを提示して変化していないように見せかけながら
も、人気安定のためにとめどなくバージョンアップをしている。
ときには、目新しさを求めて、人の目を引く斬新な側面を持つ。
文化は、細胞分裂を繰り返しながら、有機的に展開している。い
うなればリヴィング・ヘリテージであり、文化は生きている。だ
からこそ、「文化」を正確にとらえようとするのはむずかしい。
そんな課題を抱えながら、歴史地区に新しい建築を計画的に組
み入れる都市計画とまちづくりが、今の文化財保存学でのトレ
ンドとなっている（写真1）。

　「文化」を考えるとき、世界はどのように文化をとらえてい
るのであろうか。まずは、国際的な「文化」の位置づけを確認
したい。国際社会には、さまざまな文化に関する国際法規があ
る。その中で最も古い法規として注目すべきは、1948年12月10日
に国際連合（以下、国連）総会で採択された世界人権宣言:Universal
Declaration of Human Rightsであろう。第27条には、「1．すべて
人は、自由に社会の文化生活に参加し、芸術を鑑賞し、及び科学
の進歩とその恩恵とにあずかる権利を有する。2．すべて人は、
その創作した科学的、文学的又は美術的作品から生ずる精神的及
び物質的利益を保護される権利を有する。」と記されている。平
易に解釈すれば、「文化的な生活は、（誰に強制されるものではなく）

写真1　King's Cross, Camden and Islington, London
「良好な都市開発の歴史的遺産」として国指定記念物に登録（1998-2012）

自由に行うことができる。すべての人が、芸術を鑑賞したり、科学の進歩とその恩恵（最新の技術やテクノロジー）を体験し利用できる権利をもっている」ということである（写真2）。

　またさらに踏み込んで解釈すれば、すべての人は、（人間または自然によって）創り出された科学的、文学的、美術的作品を体験し、それらから影響を受け、さらにそれらから新しいヒントを得るなど、自身の知識や体験による有形無形の利益を受ける（精神的及び物質的な利益を供与される。逆にいえば他者に制限されない。）権利をもっている。その利益は、この世界人権宣言によって保護されており、何人も奪うことができない（機会を奪ったり制限をすることができない。）ということである。つまり文化から受ける利益は誰もが享受することができるということを確認し、明記したのが、世界人権宣言である。

　ではここで、国際社会と文化のかかわりについて、国連を基軸に考えてみる。国連憲章では、文化的活動を、平和的且つ友好的関係に必要な安定及び福祉の条件を創造するために、国連が中心となって支援し、国際社会が促進するべき活動として、第

写真2　Bosch, The 5th Centenary Exhibition の鑑賞のために並ぶ人々
[Museo Nacional del Prado, Madrid, 2016]

9章「経済的及び社会的国際協力」第55条から第60条の中で言及している。第55条では、「人民の同権及び自決の原則の尊重に基礎をおく諸国間の平和的且つ友好的関係に必要な安定及び福祉の条件を創造するために、国連は、次のことを促進しなければならない。」として、「a. 一層高い生活水準、完全雇用並びに経済的及び社会的進歩及び発展の条件、b. 経済的、社会的及び保健的国際問題と関係国際問題の解決並びに文化的及び教育的国際協力、c. 人種、性、言語または宗教による差別のないすべての者のための人権及び基本的自由の普遍的な尊重及び遵守」としている。第56条では、加盟国に対して国連への協力と確実な履行を求めている。第57条では、専門機関に対し国際的責任を自覚させ、国連との連携関係を求めている。また条約以外にも、専門機関の政策および措置履行を勧告することを述べている。第60条では、この章に掲げるこの機構の任務を果たす

責任が、総会及び総会の権威の下に、経済社会理事会に課せられていることを述べている。さらに文化活動は、国連が目指す最重要課題である平和構築のための活動の一つで、必要不可欠なものであり、公共福祉の条件を創造するものであると言及している。国連では、文化は、経済的社会的活動の枠組みの中で取り扱われるべき問題として認識され、国連経済社会理事会（United Nations Economic and Social Council：略称ECOSOC）の中で政策などを協議するようなシステムが作られている。つまり、現在の国際社会のシステムの中においては、文化活動は、経済的社会的活動の一つである。

　ここでは、世界人権宣言、国連憲章を通して、国際条約上、どのように「文化」がとらえられているのか、国際社会の文化のとらえ方について簡単に確認した。総括すると、文化は、基本的人権を実現するために必要なものであり、諸国間の平和的且つ友好的関係に必要な安定及び福祉の条件を創造するために行われる国際協力の手段となるべきものであると、国際社会では考えられている。また、国連の文化活動は、国連総会、経済社会理事会の枠組みの中で実行される仕組みがつくられている。その活動の実行にあたっては、国連専門機関が連携し協力していることがわかった。この世界人権宣言の文化に対する思想は、今もなお引き継がれ、たとえば、無形文化遺産条約では、無形文化遺産の定義を「既存の人権に関する国際文書並びに社会、集団及び個人間の相互尊重並びに持続可能な開発の要請と両立するものにのみ考慮を払う」とし、「文化」は一方的なものではなく、多角的観点で評価し相互に尊重すべきこと、かつ持続可能な開発の要請と両立するもの（つまり、歴史偏重主義や真正性偏重主義ではなく、変化しながらも持続するものへの許容）ととらえている。このアイディアは、国際条約起草のための政府間会議に参加した思想家（哲学者）や、文化人類学分野の言語学者等の専門家の発案により国際条約に組み入れられた（写真3）。国際条約は、国際社

会の中で問題になっているある事象を規制したり、予測される将来への危険に対し警鐘をならし、今見えている特定の問題だけに固執するものではなく、国際社会の未来をより良い方向へ導くものである。いうなれば、国際社会の将来計画の基本的指針であると同時に、それは固定化された概念的なものではなく、国際条約自体の成熟とともに、時代のニーズや変化に合わせて、新たな普遍的価値を創り出す豊饒な理念として寛容さを持ち合わせていなければならない。法律の中には、人類や社会、文化、環境などの変化と進化の軌跡が隠されている。

2 | 国連専門機関と文化の関係性

国連憲章では、国際社会での文化的活動は、国連専門機関の政策及び活動を通じて実行することが規定されている。文化分野を管轄している機関は、国際連合教育科学文化機関（United

写真3　無形遺産条約起草に貢献した思想家

Nations Educational, Scientific and Cultural Organization：略称UNESCO）である。現在、文化局には条約を基軸に文化遺産部（CLT/CH/有形文化遺産課THS, 無形文化遺産課ITH, 国際基準課INS）、文化政策・文化間対話部（CLT/CPD/文化と開発課CAD, 文化的多様性・文化間対話課PDI, 歴史と文化課HIS）、芸術・文化事業部（CLT/ACE/文化促進のための国際基金課IFPC, 美術工芸デザイン課ACD, 文化事業・著作権課CEC）、世界遺産センター（WHC）、事務部（CLT/EO）の部課が設置されている。文化局では、世界の文化遺産の保護（a.世界遺産保護のための能力開発と強化、b.無形文化遺産の認定と保護、c.文化遺産の修復、d.文化的財産の保護）、文化政策、文化産業、文化間対話の強化、文化政策の開発、文化間対話の促進、文化産業と工芸の奨励などに関する政策および施策策定、措置の履行、当該分野の加盟国に対する支援などを行っている。国連専門機関の活動は、すべて国連総会決議もしくは、国際法規に基づき履行される。多数の文化遺産に対する保護活動が、途切れることなく1945年以来継続的に行われてきた。にもかかわらず、2001年まで55年間もの間、文化の定義が行われてこなかった。2001年 文化的多様性に関する世界宣言で初めて、国際法規において「文化」が定義された。同宣言では、「文化とは、特定の社会または社会集団に特有の、精神的、物質的、知的、感情的特徴をあわせたものであり、また文化とは、芸術・文学だけではなく、生活様式、共生の方法、価値観、伝統及び信仰も含むものであること」と定義している。

　また、「文化」は、「アイデンティティ、社会的結束、知識に基づく経済の発展という問題に関する今日の議論において、核心となっている」と言及し、「文化」の現代社会における重要性を提示している。さらに、「国際平和と安全保障実現のための最善策は、相互信頼と理解に基づいた文化的多様性、寛容、対話、協力の尊重であることを確認」することとし、「文化」が多様であることが、国際社会の平和に貢献することを指摘している。「文化」の形式が時代や地域で異なることや、人類全体の構成要

素である集団や社会のアイデンティティが唯一無二のものであり、生物的多様性が自然に必要であると同様に、文化多様性が、人類の交流や革新、創造の源泉となりうる必須のものであることにも言及している。

　ジンバブエの世界遺産であるグレートジンバブエ遺跡では、現在も遺跡の歴史や希少言語を、文字や絵画などではなく舞踊や音楽で語り継ぐ人々がいる（写真4）。これらは、手の指先や足のステップによって、動物や登場人物を表現し、それをそのコミュニティの人々が理解し、次世代へ継承している。文字がなくとも歴史は残るシステムが構築されている点に注目できる。これも一つの文化であり、唯一無二のアイデンティティである。つまり、「文化」に決められた形を求めず、逆に多様であることにこそ価値があると考えられている。

写真4　ショナの人々による伝統的な舞踊
[Maund Ruin, Great Zimbabwe National Monument, Zimbabwe]

ではここで、UNESCOと国際法規について考えてみる。UNESCOでは、多くの国際文化政策を立案し、履行している。多くは、国際条約の履行及び運用という形で、活動が展開されている。そこで、文化政策と文化的活動の根拠となっている国際条約をここで整理し、確認する。

　文化分野の国際条約は、以下の通りである。
① 万国著作権条約（1952）
② 武力紛争の際の文化財保護のための条約（1954：1954年ハーグ条約）
③ 実演奏家、レコード制作者及び放送事業者の保護に関する条約（1961：ローマ条約）
④ 文化財の不法な輸入、輸出及び所有権移転の禁止及び防止の手段に関する条約（1970：文化財不法輸出入等禁止条約）
⑤ 世界の文化遺産及び自然遺産の保護に関する条約（1972：世界遺産条約）
⑥ 水中文化遺産保護に関する条約（2001：水中文化遺産条約）
⑦ 無形文化遺産の保護に関する条約（2003：無形文化遺産保護条約）
⑧ 文化的表現の多様性の保護及び促進に関する条約（2005：文化多様性条約）

　UNESCOでは、UNESCO憲章前文第4章4項で、「総会は、加盟国に提出する提案の採択に当り、勧告と加盟国の承認を得るために提出される国際条約とを区別しなければならない」と規定している。場合によっては、総会以外にもUNESCOや国際条約にもとづいて招集される国際政府間会議などによって、これらが起草、採択され、国際文書となる。
　ここで、条約と勧告、宣言の違いを述べる。条約は、法主体となる国家や国際機関などによる批准、受諾、または加盟とい

う手続きが必要である。条約を批准した法主体となる国家間において拘束力を有する規範であり、逆にいえば、批准していないと拘束力が生じないという性質をもつ。とはいえ、UNESCO加盟国である以上は、条約の理念を理解し国際社会との協調と努力義務は要する。勧告は、UNESCO総会が、特定の問題に対する国際規範に関する原則と規則を策定し、加盟国に対し準拠して、必要となる可能性のあるあらゆる立法措置、または、その他の措置を講じるように求める文書である。これは原則に従い、各国における憲法上の慣行（国内の法令など）と照らし合わせ、領土内で履行するために規範の適用を検討すべきものとして問う性質を持つ。よって勧告は、加盟国へ積極的適用を求める規範であり、総会で採択された事実により、UNESCOに加盟するすべての国が義務を負う性格も有する。宣言は、勧告と同様に批准の対象とならない規範である。宣言には、勧告のような加盟国を拘束する直接的効力はない。しかし国連の慣行では、宣言は、最大限の遵守が期待され、重要かつ永続的な必須事項に対して行われる厳粛な手段であると考えられている（例：世界人権宣言など）。

　ではここで、UNESCOの文化政策の動向について整理してみたい。UNESCOの国際政策は、UNESCO総会に基づき企画立案および履行が行われることが基本である。一方、UNESCOは国連専門機関であることから、国連経済社会理事会（ECOSOC）の決議に従い、さまざまな課題に取り組むという一面もある。それらの課題は、新たな脅威に対するものであったり、既存の方法では解決できない問題に対する挑戦的課題であったりする。近年の、国連の経済社会理事会にリードされる形で設定される具体的課題解決に向けた活動は、国連ディケイド（国際の10年）と連動したものであった。

　たとえば、世界文化的発展のための10年（1988-1997）、国際防災の10年（1990-1999）、世界の先住民の国際の10年（1994-2004）、

すべての人のための持続可能なエネルギーの国連の10年（2014-2024）、アフリカ系の人々のための国際の10年（2015-2024）などであり、これらを受けて有形、無形の文化政策が展開されている。注目すべき政策の一つに、寛容の原則に関する宣言（1995年）がある。同宣言第1条（寛容の意味）の1項では、「寛容とは、私たちの世界の文化の豊かな多様性、私たちの表現形式、そして人間である方法を尊重し、受け入れ、評価することである。それは知識、開放性、コミュニケーション、そして思想、良心、信念の自由によって育まれる。寛容は、違いの調和である。それは、道徳的義務であるだけでなく、政治的および法的要件でもある。平和を可能にする美徳である寛容は、戦争の文化を平和の文化に置き換えることに貢献している。」としており、これは世界の先住民の国際の10年と、国連人権教育の10年（1995-2003）を受けて策定されたものである。人だけではなく文化（含む文化財）にもそれ等自身の威厳権（dignity）があるという、文化遺産（Cultural Heritage）と人権（Human Rights）、そして「文化（Culture）」および「文化権（Cultural Rights）」をどう理解したらよいかという議論へ発展した当該宣言は、現在の国際的議論の最も関心の高い研究課題ともなっている。同様に、将来に向けての現代の責任に関する宣言（1997年）では、第7条にて「文化的多様性と文化遺産」に関して言及しており一瞥の価値がある。この条項では、「人権と基本的自由を十分に尊重し、現在の世代は人類の文化的多様性を維持するように注意を払う必要がある。現在の世代は、有形および無形の文化遺産を特定、保護、保全し、この共通の遺産を将来の世代に伝える責任がある。」と述べている。つまり、消耗的活用ではなく維持をしながら次世代へ継承し、未来の発展に対して現代社会が責任を負うという思想である。2000年に開始した「人間の尊厳を奪う貧困へのグローバルな取り組み―ミレニアム開発目標（MDGs）」と上記の思想がリンクしていることはもちろんのこと、MDGsを継承した2012年にリ

オデジャネイロで開催された国連持続可能な開発会議で採択されたSDGsにもつながっているのはいうまでもない。つまり、人間の尊厳が奪われることに対抗するための活動であり、気候変動や自然災害の脅威への取り組みや天然資源の管理など、環境との関係性だけではなく、平和と包摂的な社会の醸成と経済的繁栄に向けた積極的アプローチである文化政策に注目し、「文化」の維持と継承、発展のあり方を国際社会は考えている。

❸ ｜ 日本における文化政策と国内法

　日本国憲法では、「文化」という単語は、１回しか出現しない。日本国憲法第25条第1項に、「すべて国民は、健康で文化的な最低限度の生活を営む権利を有する」と明記されるのみである。日本国憲法の起草過程をみても、GHQ の指示書や草案、議会提出直前の案にも社会福祉や公衆衛生に対する言及はあるが、「文化」の文字はない。厳密にいうと「文化」の文言は、「議会において修正通過枢密院に御諮詢された憲法改正案」に初めて盛り込まれ、同改正案第25条に「すべての國民は、健康で文化的な最低限度の生活を営む権利を有する。國は、すべての生活部面について、社會福祉、社會保障及び公衆衛生の向上及び増進に努めなければならない。」と明記された。これは、ワイマール憲法を参考に起草されたという話もあるが、詳細は定かではない。この第25条は、一般的に生存権とよばれる条項であるが、一方で、生活権として注目されている。最低限度の生活においてさえ、「文化」的な生活を営む権利を有する。国は、健康で文化的な生活を形成するために、社会福祉、社会保障、公衆衛生の向上及び増進に努めることが求められているので、社会福祉や社会保障、公衆衛生の面で、文化的活動を展開することが望ましいということである。つまり文化活動は、利己的な活動に対するものではなく、基本には社会、言いかえれば公共福祉のため

に行われる活動であるという姿勢が、文化的活動の基本にある。

　文化行政と文化権について考えると、「文化権（Cultural Right）」は、第二次世界大戦後、とくに世界人権宣言以後、国際機関を中心とした法規や政策の中で用いられるようになった新しい概念である。

　狭義の意味で社会学的にとらえるとするならば、文化行政の分野では、「文化芸術の振興に関する基本的な方針（平成14年12月10日閣議決定）」および「文化芸術の振興に関する基本的な方針（第2次）（平成19年2月19日閣議決定）」で、「文化権」は、「最も広くとらえると、人間の自然とのかかわりや風土の中で生まれ、育ち、身に付けていく立ち居振る舞いや衣食住をはじめとする暮らし、生活様式、価値観など、およそ人間と人間の生活に関わる総体を意味するもの」と定義されている。文化政策とは、この「文化」を創り出すためのpolicyであり、人間の生き方そのものの未来への道しるべでもある。

　日本における文化行政と文化財の関係について整理すると、日本における文化行政は、文化財の保護から出発したといっても過言ではない。1948年、第二次世界大戦の戦時下で損傷を受けた国宝建造物の調査および修理計画の策定が行われた。これらの活動の根拠となったのは、第二次世界大戦以前に制定されていた「国宝保存法」「史跡名勝天然記念物保存法」「重要美術品等ノ保存ニ関スル法律」の国内法である。1950年3月には、「文化財保護法」が制定され、保護の対象となる「文化財＝Cultural Property」の定義がなされた。「文化財保護法」が従来の法令と異なる点は、無形文化財、民俗資料、埋蔵文化財を保護の対象とした点である。無形文化財では、伝承された技術や知恵、修練によって習得した技を文化的な資産とした。民俗資料では、人間の生きてきた証を文化的所産としてとらえ、日常の人間の営みとそこから産みだされた知恵に価値を見出した。埋蔵文化財では、遺跡などの人間が活動した痕跡をも、人間の歴史を証明

する価値あるものとして評価した。

　その後、改定により伝統的建造物群保存地区や文化的景観、（文化財修復に必要な）選定保存技術などが文化財の枠組みの中に取り入れられ、現在の種類別に体系化された「文化財」となった。

　組織基盤としては、1945（昭和20）年には、文部省社会教育局に芸術課が設置され、1966（昭和41）年5月には、文化局が設置された。そして1968（昭和43）年6月に文化局と文化財保護委員会が統合され、文化庁が設置された。1950（昭和25）年3月には、文化財保護法が制定され、保護の対象となる文化的資材＝「文化財」が定義されるに至った。

　まず文化財保護法の定義にしたがって、文化財を整理し種類別に挙げると、有形文化財（建造物）、有形文化財（美術工芸品）、無形文化財、民俗文化財、記念物、文化的景観、伝統的建造物群保存地区、選定保存技術、と分類することができる。

　文化庁の公表データによれば、令和2年現在の国指定文化財（国宝、重要文化財）は、総計（1,124件、13,317件）、絵画（162件、2,037件）、彫刻（140件、2,723件）、工芸品（254件、2,471件）、書籍典籍（228件、1,919件）、古文書（62件、781件）、考古資料（48件、652件）、歴史資料（3件、225件）、建造物（227件/290棟、2,509件/5,122棟）、史跡名勝天然記念物・史跡1,847件、特別史跡63件、名勝422件、特別名勝36件、天然記念物1,031件、特別天然記念物75件、重要無形文化財・芸能各固認定37件/保持者56件（56名）、重要無形文化財・工芸技術各個認定39件/保持者58件（57名）、重要無形文化財・芸能保持団体等認定14件/保持団体等数14団体、重要無形文化財・工芸技術保持団体等認定16件/16団体、重要有形民俗文化財223件、重要無形民俗文化財318件、重要文化的景観65件、重要伝統的建造物群保存地区120件、選定保存技術77件（保持者48名、保持団体37件）である。

　これらを分析してみると、種類により指定件数の偏重がみられる。現在では、その偏りをなくそうという動きがある。また、

明治時代などの近代作品、産業や生業にかかわる民俗文化財の指定や調査が推進されている。

４ ┃ 日本における文化政策──文化の継承と発展

　文化政策という言葉を聞いたことがあると思うが、文化や芸術は、それを楽しむ人々、つまり個人の問題で、どうしてそこに国がかかわっているのか？　と考える人もいるだろう。

　政策は、政治によって作られる方針や措置であり、個人活動や社会的動きである文化が、どうして政策によって規制されなければならないのか？　と感じる人も多いだろう。しかし法律や政策というのは、禁止することや規制することばかりではない。一般的によく知られている文化財保護をはじめとする「守る」ことや、「促進させる」こと、さらに「発展させる」ことへの取り組みなども、文化政策には含まれている。

　文化政策の歴史をみてみると、「文化財」という言葉そのものが物語っているように、人間の文化的所産は、幾世代にもわたって伝えられてきた叡智、積み重ねられた修練によって身についた超越した技、希少な材料、物語や歴史を伝える意匠、所有した人々とのつながり（継承）などの価値を持つ人類そのものが創造した財産として考えられている。文化財は、時代や地域、年代や性別を超えて、人々の尊敬を集める。そして人類共有の遺産としてその価値が共有され、ときには国境を越え所有される財産の一つとして扱われる場合がある。経済の分野では、資産運用という言葉が盛んに使われているが、一般社会や行政の分野でも、文化的所産を「財産＝資産」として考え、その財産の維持および運用の必要性が認識されている。また、地域活性化の分野では、「文化資源（文化的資源ともいう）」としてとらえ、新たな文化資源の発掘や開発、文化資源の枯渇への対処、積極的運用などをテーマに、さまざまな取り組みが展開されている。こ

の取り組みの基礎であり、拠り所となっているのが、文化政策である。

　文化政策の歴史を振り返れば、第二次世界大戦後、戦後復旧の影響から保全、保護の動きがみられ、1950年代の文化行政の初動期では保護活動がメインであり、対象は、美術工芸品や歴史的建造物などを中心とする文化財であった。1960年代では、経済成長にともない国土開発が急速に進展し、それにともない土地の整備開拓により、遺跡や埋蔵文化財の保護が急務となった。そこで、まずは、その土地に遺跡や埋蔵文化財が存在している可能性について調べる必要があり、調査発掘の実施が必須となった。全国的な広まりを見せた国土開発を前に、文化庁は都道府県教育委員会がこれに対応するシステムを構築し、埋蔵文化財専門職員を都道府県や市町村に配置し、埋蔵文化財保護の体制整備に努めた。同時に、奈良・飛鳥や京都、鎌倉といった歴史的地域での開発による史跡の破壊を受け、1966（昭和41）年に「古都保存法」を成立させた。1970年代に入ると、生活様式の変化により、古都以外の地方の歴史的建造物が取り壊され現代的家屋へと建て替えられているという現況が明らかとなり、寺社仏閣以外の地域や民俗、生業などを体現する伝統的建造物群に対する保護のため、1975（昭和50）年に「伝統的建造物群保存地区」の制度を創設した。その後、2004（平成16）年には、UNESCOの世界遺産条約の運用指針の影響などを受け、歴史的建造物群だけではなく、人間が自然を利用しながら時間とともに築きあげてきた空間や環境を「文化的景観」としてとらえ、文化財の一つに加え、保護の対象とした。

　文化財は、国民の共有財産であると同時に地域の歴史と文化を証明する歴史的遺産である。教育の充実により、国民全体に意識の変化がみられ、心の豊かさや知的好奇心を満たす歴史や美術工芸品などを中心とした芸術に対する興味関心が年々高くなり、文化財に対する関心や期待がより一層高まっている。ま

た、地方自治体でも、各地域のアイデンティティの確立がもとめられるようになり、新しい地域づくりに、「温故知新」の観点から、歴史を積極的に取り入れたまちづくりが行われるようになった。そこで注目されたのが、文化財を文化資源として活用するというアイディアである。

　文化庁内に設置された「埋蔵文化財発掘調査体制等の整備充実に関する調査研究委員会」は、新しい地域づくり、ひとづくりのための一つの施策として、2007（平成19）年に「埋蔵文化財の保存と活用（平成19年10月）」を発表した。ここで注目すべき点は、各市町村が管轄エリア内の文化財を総合的に把握した上で、積極的保存を行い同時に活用するというアイディアであり、これが、「歴史文化基本構想」の策定につながったという事実である。また、この「歴史文化基本構想」は、「文化財を核として、地域全体を歴史・文化の観点からとらえ、各種施設を統合して歴史・文化を生かした地域づくりを行っていくための地方公共団体の計画」であり、その後の「地域における歴史的風致の維持及び向上に関する法律（通称：歴史まちづくり法）」との発展的連携運用がシステム化され地方行政の分野で動き出している点である。

　国土交通省と文化庁が連携することで、都市計画と文化財保護が連動して効率的で確実な措置の履行を促し、有効性をもつ価値のある政策を目指したことが見てとれる。現在では、この文化政策により、地域の文化財がもつ文化的、歴史的価値が再認識され、これを文化的資源として社会に役立てようとする意識がますます高まっている。

　この動向は、地域の文化圏ごとにある文化的特性を、都市計画や経済活動、公共福祉へと活用しようという広範囲にわたる政策的展開へと発展しており、身の回りにある「文化」や「文化財」を今まで以上にリスペクトする雰囲気も見受けられる。

　最後に、これからの文化政策と将来展望について考えてみる

と、文化政策は、まちづくりや人々の生活といった身近なもの
を形作る基盤となっており、地域のアイデンティティの確立に
深くかかわっていると言えるだろう。すなわち将来を形作るも
の、それは文化であり、人類の活動の軌跡である。今、私たち
の行っている活動そのものが、歴史そのものを創り出している。

参照文献

《法規等》

◆世界人権宣言：Universal Declaration of Human Rights

◆国連憲章：Charter of the United Nations

◆万国著作権条約：Universal Copyright Convention

◆武力紛争の際の文化財の保護に関する条約（略称：武力紛争の際の文化財保護条約）：Convention for the Protection of Cultural Property in the Event of Armed Conflict with Regulations for the Execution of the Convention

◆実演家、レコード製作者及び放送事業者の保護に関する条約：International Convention for the Protection of Performers, Producers of Phonograms and Broadcasting Organizations

◆文化財の不法な輸入、輸出及び所有権譲渡の禁止及び防止の手段に関する条約：Convention on the Means of Prohibiting an Preventing the Illicit Import, Export and Transfer of Ownership of Cultural Property

◆世界の文化遺産及び自然遺産の保護に関する条約：Convention for the Protection of the World Cultural an Natural Heritage

◆水中文化遺産保護に関する条約：Convention on the Protection of the Underwater Cultural Heritage

◆無形文化遺産の保護に関する条約：Convention for the Safeguarding of the Intangible Cultural Heritage

◆文化的表現の多様性の保護及び促進に関する条約：Convention on the Protection and Promotion of the Diversity of Cultural Expressions

◆無形文化遺産条約：Convention for the Safeguarding of the Intangible Cultural Heritage

◆文化的多様性に関する世界宣言：UNESCO Universal Declaration on Cultural Diversity

◆UNESCO憲章：Constitution of the United Nations Educational, Scientific and Cultural Organization

◆寛容の原則に関する宣言：Declaration of Principles of Tolerance

◆将来に向けての現代の責任に関する宣言：Declaration on the Responsibilities of the Present Generations Towards Future Generations

◆日本国憲法（昭和21年11月3日公布、昭和22年5月3日施行）

◆議会において修正通過枢密院に御諮詢された憲法改正案：行政文書＊内閣・総理府太政官・内閣関係内閣総理大臣官房総務課資料、簿冊標題「憲法改正に関する件」、資00021100、昭和21年10月11日；国会図書館所蔵、入江俊郎文書46

◆歴史文化基本構想：文化庁、『平成19年10月の文化審議会文化財分科会企画調査会報告書』．詳細については、文化庁 文化財部 伝統文化課文化財保護調整室、『「歴史文化基本構想」策定ハンドブック』を参照。

《ウェブサイト》

◆文化庁「文化財指定等の件数」文化庁ホームページ https://www.bunka.go.jp/seisaku/bunkazai/shokai/shitei.html （2020年12月14日閲覧）
◆「文化芸術の振興に関する基本的な方針（平成19年2月9日閣議決定）」https://www.bunka.go.jp/seisaku/bunka_gyosei/hoshin/kihon_hoshin_2ji/index.html （2020年12月14日閲覧）

法規等の調べ方

　国際法は国連公用語にて正本が作成されるが、すべての国連公用語にて正本が作成されるとは限らない。一般的には正本として英仏版が作成されるため、国際条約の条項を調べる場合は、英仏のどちらかで正式名称を調べたのち、国連が運営するUnited Nations Legislative Series：http://legal.un.org/legislativeseries/ などを利用し調べるとよい。

　国際勧告や国際宣言の内容詳細を調べる場合は、各国連専門機関の総会決議を確認する。各国連専門機関の主要文書は、国会図書館内の国連寄託図書館で閲覧することができる。

　国際条約、国際勧告、国際宣言の日本語訳を利用したい場合は、外務省や関連省庁が仮訳を発表しているので参考にするとよい（条約の正本ではないので、参考に留める）。

　国内法の条項を調べる場合は、総務省行政管理局のWebサイト「e-Govポータル」の「法令検索」にて調べることができる。ただし、法令は、改正・廃止等がなされる場合もあるため、特定の時代の条項詳細を調べる場合は、該当する日に最も近い改正日を調べ、改正・廃止等を含めて該当する期間の官報で条項詳細を確認する。

　閣議決定は、所管官庁が全文または概要を発表しているので、所管官庁の関連審議会資料やWebサイトを確認する。

　国際条約や国際勧告、国際宣言等の法源やアイディアに関しては、起草の際の関係者の資料群および起草のために開催された会議の資料群など、史料と呼ばれる歴史的価値を持つ当時のオリジナル資料群を調査研究するとともに、時代的背景や思想、慣習法、関連する法律など周辺を併せて考察する。法学の分野では、法史学や法制史研究と呼ばれる研究領域である。

ブック
ガイド

寺田寅彦『寺田寅彦全集 第4巻 随筆4　生活・紀行』
岩波書店、2009
高校の物理の先生は登山家で、ヌン・クン峰のアタックの際、ベースキャンプで読んだというボロボロのこの本を「縁起物だよ」と言って、わたしにくれた。寺田先生の随筆は、大人にも子供にもわかりやすく、親近感を覚えるとともに、大いに勇気づけられる。おすすめは「科学を志す人へ」。大学1年生必読の書である。

10 アマビエはコロナに克てるか？

疫病退散の民俗学

阿南 透

keyword

疫病退散

鍾馗

アマビエ

1 | 新型コロナウイルスから考える

　医学が発達する以前の日本では、疫病（伝染病）が流行しても原因がわからず、治療法がなかった。神仏などに祈ったり、護符（絵、呪文、祈祷文などを記したお札）を貼ったりして疫病退散を願う習慣は長く続いた。これらは科学が進歩した現在でも、民間信仰という形で残っている。

　今回の新型コロナウイルス感染症の流行に際して、原因はわかったが予防法や治療法がわからない段階では、ウイルスの退散を願い、民間信仰で使われてきたさまざまな対応策が形を変えて登場した。この章では、こうした習慣の中からいくつかを紹介してみたい。このように、普段は意識しないが何かの折に、古くから伝わる習慣がふと姿を現すことがある。こうした習慣とその変容を研究するのも、民俗学の研究分野である。

2 | 疫病退散から始まった祭り

　日本の祭りは実に数が多く、多種多様な祭りが各地で盛大に行われている。その中には、疫病退散に由来するものが数多くある。

　たとえば、京都・八坂神社の祇園祭は、7月に開催され、日本を代表する著名な祭りである。祭りの起源は諸説あるが、貞観年間（859-877）に、京の都に疫病が流行した時、疫病退散を願うために行った儀式「御霊会」に由来するという。貞観11 (869) 年に、平安京の広大な庭園であった神泉苑に、当時の国の数66ヶ国にちなんで66本の矛を立て、祇園の神を祀り、さらに神輿を送って、災厄の除去を祈ったというのが神社の公式見解である。

　ちなみに八坂神社は、明治初期の神仏分離に際して大きく姿を変えた。以前は神仏習合といって、神道と仏教が渾然一体となり、神社と寺院を明確に分けることができなかった。名称も

「祇園社」で、祭っているのは牛頭天王という、神とも仏ともつかない存在であった。祇園祭は、この牛頭天王を乗せた神輿が町を廻る行事として成長し、やがてここに町衆が曳き出す鉾や山、笛と鉦と太鼓で囃しながら踊る「風流囃子物」などが加わり、江戸時代には山鉾巡行へと成長していった。その後、明治初期の神仏分離の際に、祇園社は八坂神社となり、祭る神は牛頭天王から素戔嗚尊に改められた（両者を同一視する考え方自体は中世からあった）。

　現在の祇園祭は、豪華な織物や装飾で飾られた優雅な山鉾巡行だけを見ると、開始当初の由来ははっきりしないかもしれない。しかし、山鉾が神輿の登場に先立って巡行することで、災厄をもたらす疫神を集めたあと、神輿に乗った神がそれらを鎮め、市外へ送り出すという形式は守られている。「災厄を送り出す」という祭りの原点は、形を変えつつ今も残っているのである。

　祇園祭では厄除けの「ちまき」が配られる。これは軒先に吊して魔除けとするが、そこには「蘇民将来子孫也」という文字が記されている。なお、八坂神社でも蘇民将来守という八角形の木の御守りを授けている。この由来の話はいくつかあるが、『備後国風土記逸文』には次のような話が伝えられている。

　　昔、北の海にいた武塔神が南の海の神の娘に求婚しに出かけたが、日が暮れてしまった。そこには将来という二人の兄弟が住んでいた。兄の蘇民将来は大変貧しく、弟の将来は裕福であった。武塔神は弟に宿を借りようとしたが、弟は惜しんで貸さなかった。兄の蘇民将来は宿を貸し、粟柄を御座につくり、粟飯などでもてなした。その後に年を経て、八柱の御子を連れて還り来て、報恩をしたいと言って蘇民将来の娘に茅の輪を腰の上に着けさせた。その夜、蘇民の娘一人を残して、皆ことごとく疫病で滅ぼしてしまっ

た。そして、われは速須佐能雄の神である。後の世に疫病が流行したら、蘇民将来の子孫と言って、茅の輪を腰の上に着けなさい。そうすれば、その疫病から免れることができると言われた。 ［黒田 2002：29-30］

このように、武塔神（むとうのかみ）＝素戔嗚尊（牛頭天王）は疫病を流行させる神であるが、蘇民将来の子孫と言って茅の輪を腰に着けると疫病を免れることができる、というのである。ここから祇園祭では「蘇民将来子孫也」と記されたちまきが配布され、各地の神社でお札や御守りが作られた。また、各地の神社で「茅の輪くぐり」という行事が行われている（写真1）。これは茅という草を束ねて大きな輪を作り、これをくぐれば疫病や災厄を逃れることができるという信仰である。 6月30日頃に行うのを「夏越（なごし）の祓（はらい）」、大晦日に行うのを「年越しの祓」と呼ぶこともある。このように、この話はお札だけでなく年中行事の由来にもなっている。

さて、全国に「祇園祭」の名称の祭りは数多く存在するが、その中には、京都の八坂神社を招いたり、記録はないものの関連のある神社で行われる祭りが多い。また、「天王祭」という名称の祭りにも、牛頭天王や素戔嗚尊を祀る神社の祭りがある。それらの祭りは夏に行われる。そして大規模に発展したものも多い。たとえば、2016年にユネスコ無形文化遺産に登録された「山・鉾・屋台行事」は33の祭りからなるが、その中では、京都の祇園祭山鉾行事のほか、佐原の山車行事（千葉県香取市）、尾張津島天王祭の車楽舟行事（愛知県津島市）、博多祇園山笠行事（福岡県福岡市）、戸畑祇園大山笠行事（福岡県北九州市）、日田祇園の曳山行事（大分県日田市）が祇園祭の流れを汲む祭りである。関東では、先ほどの佐原の山車行事を構成するうちの一つ、本宿祇園祭（7月の祭りだが、10月の新宿秋祭りとあわせて「佐原の大祭」と呼ぶことが多い）をはじめとして、思いつくままに挙げると、江戸川大学の

写真1　神社に設置された茅の輪。コロナ退散を願い常置してある
(東京都日野市、日野若宮神社、2020 年 11 月 30 日)

　所在地である千葉県では成田市、旭市、茨城県では笠間市、筑
西市下館、竜ヶ崎市、常陸大宮市、土浦市、潮来市、稲敷市江
戸崎、つくば市北条、小美玉市小川、茨城町小鶴、埼玉県でも
熊谷うちわ祭り、久喜提灯まつりなど、多くの都市で行われて
いる。

　また、関西では大阪天満宮の天神祭が盛大に行われている。
菅原道真を祀った神社であり、ここまで述べてきた祇園祭とは
異なるが、天暦5 (951) 年に大阪天満宮の前の大川から神鉾を流
し、漂着した場所に祭場を設けて疫病退散を祈った「鉾流」の
神事が起源といわれている。

　こうした祭りは、その後の歴史の中で大型の山・鉾・屋台な
どが発達し、囃子や踊りを伴って、華やかな行事へと成長して
いる。夏に行われることもあって、地域を代表する年中行事に
なっていることが多い。しかしその由来としては、「災厄を送り

出す」「罪穢れを祓う」など、悪いものを捨てるという要素を含んでいることが多い。

　しかし、新型コロナウイルスが流行した2020年には、こうした疫病退散に由来する祭りもほとんどが中止になった。開催すると人が集まり、密集を作り出して感染が拡大することを恐れたためである。京都の祇園祭でも、山鉾を建てず、関係者が神事にあたる部分のみを実施した。

　ちなみに2020年は、青森ねぶた祭をはじめとして全国の主要な祭りがほとんど中止になった。産経新聞は、『月刊レジャー産業資料』による調査を集計し、「約40万～300万人が訪れる、集客ランキング上位の全国30の祭りのうち、毎年5～9月に開催予定の24の祭りが開催を中止。残る6つも延期が3、神事のみが2、オンライン開催は1と、例年通りの通常開催は一つもなかった」（SankeiBiz 2020.6.22）と報道している。もはや「祭りを盛大に行えば新型コロナウイルスを追い払える」と、考えた者はいなかったのだ。

　こうした中止に対し、観光産業をはじめとする地域経済への悪影響を懸念する声もある。その一方、「祭りとは何か」を考える良い機会とする意見もある。京都の祇園祭でも、巨大な山鉾の巡行は行わないものの、八坂神社での神事や、各山鉾町での行事を一部実施した。青森ねぶた祭では、例年8月2日から7日まで行うねぶた運行は中止したものの、7日に「ナヌカ日ねぶた」と題して、ねぶたを展示し、青森市民に限定して事前申込制による観覧を認めた（『東奥日報』2020.8.7）。また有志による「オンラインねぶた夏まつり」も行われた。

　新型コロナウイルスの流行は、祭りとは何か、何のために行うのか、まさに祭りのあり方を問い直す出来事であった。

❸ │ 伝染病を追い払うには

　次に、伝染病の代表的な例として、疱瘡を取り上げてみたい。疱瘡とは、天然痘とも呼ばれる伝染病で、種痘の普及により現在では根絶しているが、江戸時代までは数年から十数年に一回は大流行し、多くの子どもが病気にかかった。原因が不明であるため、人々は「疱瘡神」が疫病をもたらすと考えた。そして、疱瘡神を追い払う行事を行うほか、疱瘡神の退散と病人の回復を願って描いた「疱瘡絵」（写真2）を、神棚や病人の枕屏風に貼るなどした。なお、赤の色を疱瘡神が嫌うとされたことから、疱瘡絵は赤色で描かれたものが多かった。

　日本研究者のハルトムート・オ・ローテルムンドの研究によれば、疱瘡絵の画題は３つに分けられるという。一つ目は、怪力で知られる武将、鍾馗や源為朝を描いたものである。その威力で疫病を追い払うと考えられたのである。二つ目は、正月行事にかかわる春駒や羽子板などを描いたものである。これは、正月という年の変わり目を表現することで時間が改まり、疱瘡から解放されると信じたからだという。三つ目は、元気に遊んでいる子供を描いたもので、「子供の健康を予祝」したという。なお、一つ目のように疱瘡や疱瘡神と直接戦って取り去ろうとするタイプは少数であり、病気の治療を予祝したり、正月などの祝祭的な世界を描くものが多いと指摘している［ローテルムンド 1995］。

　疱瘡絵の中で、怪力をもって疱瘡神を退散させる怪力の武将の代表と考えられていたのが鍾馗であった。鍾馗とは、唐の玄宗皇帝が病に苦しんだ時、夢の中で悪鬼を退治し、皇帝の病気を治したとされる中国の伝説上の人物である。もとになった伝説は次のようなものである。

　　唐の玄宗は、鬼が出てくる悪夢に悩まされていたが、巨

写真2　疱瘡絵 鍾馗（資料提供：紅ミュージアム）

漢が現れて悪鬼どもを捕らえて、むしゃむしゃと食べてしまった。玄宗が驚いて名を問うと『それがしは武挙（武人採用の科挙）の試験に合格できなかった者で、姓を鍾、名を馗と申します。常々天下の悪鬼を退治することを願っておりました』と語った。夢から覚めた玄宗皇帝は、その姿を著名な画家である呉道子に描かせ、絵を刻した。その写しを辟邪のお守りとして広く配布することにした。これより、鍾馗の像は世間に広まったのである。　　　　［二階堂 2002：93］

　日本には、遅くとも12世紀には鍾馗の信仰が伝わったといわれている。その後の変化を簡単に説明しよう。まず、室町から

桃山期に鍾馗の絵が流行する。戦国時代には、鍾馗と「勝機」の音が同じ「しょうき」であることから縁起をかつぎ、鍾馗の絵を旗印にする武将もいた。江戸時代に入ると庶民の間にも広まり、端午の節供（5月5日、現在ではこどもの日として祝日になっている）には、武家では兜飾りや幡指物、幟、吹流しなど武具のミニチュアを飾ったが、やがて小型化して、今日の五月人形や武者飾りのような室内飾りになった。江戸中期以降に町人が台頭すると、男児の出世や健康を祈願して、鍾馗などを描いた幟を戸外に立てるようになった。鯉幟が登場したのもこの頃である。

　江戸時代には絵画や浮世絵の画題にも鍾馗が取り上げられた。葛飾北斎、歌川国芳、河鍋暁斎ほか名だたる浮世絵師の作品が多く残っている。そして、疱瘡除けの護符としても使われ、疱瘡神の退散と病人の回復を願い、疱瘡絵を神棚や病人の枕屏風に貼るなどしたことはすでに述べたとおりである。

　鍾馗には屋外で見かけるものもある。江戸時代には、現在の静岡県から愛知県にかけて、家の戸口に鍾馗の札を貼る習慣があったというが、現在では見られない。しかし愛知県豊川市では、砥鹿神社や菟足神社の祭りの露店で鍾馗の面が売られている。疫病退散や無病息災の御利益があるという。また、瓦で作った鍾馗を家の屋根に飾る習慣が、現在でも関西を中心に各地で見られる。最も多く見られるのは京都市内ではないだろうか。邪悪なものを祓う強力な守護像として、今も多くの家で屋根の上に置かれている。

　一方、新潟県や秋田県の農村部では、集落の境に大きな人形を設置して邪悪なものの侵入を防ぐ信仰がある。人形の名称も材料はさまざまで、人形道祖神と総称されるが、その中にも「ショウキサマ」と呼ばれるものがある。村境に立って、邪悪なものの侵入を防いでいるのである。

　さて、今回の新型コロナウイルスの流行に際しても、鍾馗の力を借りて疫病退散を願う試みがさまざまな形で登場した。イ

ンターネット上で目に付いたものを表にまとめた（表1）。鍾馗の絵を描いたり、鍾馗の人形や幟を飾ったり、お札や御守りを作ったり、内容はさまざまである。この中でも、青森のねぶた師・竹浪比呂央氏が、鍾馗の絵を毎日1枚ずつ100日間描き続けInstagramにアップするという「鍾馗百図」は話題を集めた（写真3）。このように、神様ではないものの強力な呪力の持ち主とされた鍾馗の力をもって、疫病を制圧し、その退散を願ったのである。

表1　鍾馗でコロナ退散を願った企画

内容	所在地	出典
ねぶた師が100日連続で鍾馗の絵をインスタ掲載しコロナ終息を願う	青森県青森市	東奥日報2020.6.2
疫病払いの神「鐘馗」のねぶたで無病息災を祈る「疫病払い燈籠」を実施	青森県三沢市	星野リゾートウェブサイト2020.6.9
空き店舗のガラス戸に鍾馗の巨大イラスト描く	秋田県能代市	朝日新聞DIGITAL 2020.5.20
コロナ退散の願いを込め鍾馗様わら人形作り	秋田県美郷町	秋田魁新報電子版2020.6.21
節句人形メーカーが感染症の終息を願い鍾馗人形を市に寄付	栃木県佐野市	下野新聞ウェブサイト2020.5.15
本城稲荷神社で鍾馗ののぼりを立ててコロナ終息を祈願	栃木県真岡市	下野新聞ウェブサイト2020.8.11
猿江神社で疫病退散の「鍾馗様」御朱印	東京都江東区	タウン誌深川 2020.5.15
疫病退散の願いを込め鍾馗の六角凧が三条の空を舞う	新潟県三条市	県央情報交差点2020.5.17
中之島大凧磨き上げ実行委員会が鍾馗様の大凧を展示	新潟県長岡市	長岡市ウェブサイトいきいき市民活動情報2020.7.30
十社大神で疫病の神様「鍾馗」の絵馬を公開	富山県射水市	十社大神ウェブサイトお知らせ2020.6.8

富士市の骨董カフェで感染の終息願い鍾馗人形展示	静岡県富士市	静岡新聞2020.4.25
東近江大凧会館で疫病退散を願い鍾馗などの凧絵を展示	滋賀県東近江市	中日新聞2020.7.21
京都に縁ある魔よけの神様「鍾馗」がTシャツに	京都府京都市	ゴ・バーンの目store 2020.5.9
厄除け霊場・岡寺で「悪疫悉除祈祷札」として鍾馗の御札を授与	奈良県明日香村	webならめがね2020.4.6
絲原記念館で文晁の「鍾馗図」特別展示	島根県奥出雲町	山陰中央日報2020.9.6
北斎の鍾馗図を木彫りした御守りを作る	熊本県人吉市	読売新聞オンライン2020.6.25

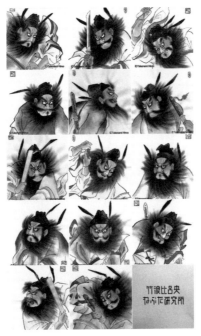

写真3　竹浪比呂央氏が Instagram に掲載した
鍾馗百図の一部

しかし、今回は鍾馗が大流行したというわけではなさそうだ。大流行したのは次に取り上げるアマビエである。

◢ ｜ アマビエブーム

　今回の感染症の流行に際して、突如として注目を集めたのが「アマビエ」という名の妖怪であった。妖怪研究家の湯本豪一によれば、アマビエとは弘化3（1846）年4月中旬と記された瓦版「肥後国海中の怪」に登場する妖怪で、肥後国（熊本県）の海中に毎夜光るものがあるので役人が行ってみたところ、アマビエと名乗る化け物が現れて「当年より六ヶ月は豊作となるが、もし流行病が流行したら人々に私の写しを見せるように」と言って海中に没したという。アマビエの名はアマビコ（尼彦、天彦、天日子などと書かれる）として知られる妖怪の誤記ではないかとされ、予言する幻獣＝予言獣の一種に分類されている［湯本 2003］。

　このアマビエが2020年2月末頃から流行し、SNS上には自己流にアレンジしたイラストなどの作品が登場した。「アマビエチャレンジ」「アマビエ祭り」などのハッシュタグをつけて投稿されたことから検索も容易になった。こうしたアマビエを集めた書籍『みんなのアマビエ』（扶桑社、2020）も登場し、87作品が収録されている。また、さまざまな商品やラベルデザインなどに使われ、厚生労働省は新型コロナウイルスの感染防止を呼び掛けるアイコンに使用した。また、アマビエの護符や御朱印を配布する神社や寺院も続出した（写真4）。「アマビエがかわいい御朱印・護符15選！」というウエブサイトは全国の社寺のアマビエ御朱印をまとめて紹介しているから、コレクターも出現したのであろう。アマビエ像を設置する寺院も現れたという。2021年正月向けの年賀状にもアマビエのイラストを用いたものが目に付いた。このようにアマビエは、過去の記録が「発見」され、SNSで普及し、商品化され、一部で信仰の対象になり、神

写真4　アマビエの御朱印（千葉県柏市、柏神社）

格化していった。SNSが普及に大きな役割を果たしたのが現在の状況を反映しているが、弘化3年のアマビエも瓦版というメディアを通じて広まったわけなので、情報流通については瓦版がSNSに変わったことになる。

　こうした過程について、民俗学者の市東真一は興味深い実践報告をしている。市東の実家は長野県松本市の居酒屋で、アマビエがSNSを中心に流行していることを知ると、市東は店の宣伝のために消しゴムでアマビエのハンコを作り、小さなお札を制作した。近所の御嶽教（木曽御嶽山を信仰の中心とする神道系の宗教）の教会で入魂式をしてもらい、店の入り口に置いたところ、店の開店から1時間でなくなったそうである。地元地方紙で報道されると、近所の人や常連客がもらいにきたという。4月にお札を増刷したので教会に入魂式をお願いしに行ったところ、アマビエのお札に水や酒がお供えされ、手をかざしてコロナウイルスに感染しないよう祈っているとのことであった。しかもアマビ

エのことを、木曽御嶽山で祀られている少彦名命の化身と考えて拝んでいるというのである。つまり、この段階で消しゴムのハンコが信仰の対象となったのである。さらに市内の別の寺でも、この消しゴムのハンコを拝むところが出てきたという。市東は、「消しゴムハンコですら信仰の対象になるほど、新型コロナウイルスへの不安は大きなものであろう」と述べ、消しゴムハンコがメディアで報道されて流行し、新しい信仰対象となる、いわば「流行神」が誕生する過程を報告している。そしてこの過程は、新しい神仏が流行する過程と同じであることは、これまでの民俗学の研究が示しているのである。

さて、これらのアマビエは実にかわいい姿で描かれている。いわばキャラクター化した、かわいらしいアマビエは、鍾馗とは違い、力をもって疫病を征圧する意図で作られたわけではなさそうだ。

「カワイイ」は日本が誇る文化だとする意見もあるが、それはともかく、キャラクター化という観点から注目したいのは、ハローキティなど既存のキャラクターがアマビエに扮したことである。全国各地の自治体で作られた、いわゆるご当地キャラクターも、アマビエとコラボした姿を取り始めた。さっと調べただけでも「アマビエずきん」（青森県八戸市）（写真5）、「ムチュピエ」（青森県八戸市）、「オクトパス君アマビエバージョン」（宮城県南三陸町）、「もしぇのん」と「あののん」（山形県酒田市）、「こうめちゃんアマビエ」（群馬県安中市）、「アマビエつちまる」（茨城県土浦市）、「はにぽん＆アマビエ」（埼玉県本庄市）、「うなきちアマビエ」（千葉県我孫子市）、「厄病退散アマビエ×あさピー」（千葉県旭市）、「アマビエやっち」（千葉県八千代市）、「みやビエ」（長野県宮田村）、「えびちゃん＆アマビエ」（鳥取県江府町）、「ぱいーぐるアマビエ」（沖縄県石垣市）などが見つかった。ご当地キャラとアマビエを並べただけのものもあるが、ご当地キャラに長髪とウロコをつけた、あたかもアマビエの仮装をしたようなものもある。そ

こでは、自治体が新型コロナウイルス予防に対する注意喚起の目的として、地元で周知されているキャラクターを利用したという事情はあったであろう。

また、キャラクター化したかわいいアマビエは続々と商品になって登場し、いっこうに止む気配は見えない。あやかり商法と言った方が良さそうなものも続出している。

写真5　青森県八戸市の「いかずきんズ」がアマビエに扮した「アマビエずきん」

シールや人形、キーホルダーは言うまでもなく、アマビエまんじゅう、アマビエパフェ、アマビエクッキー、アマビエ飴、アマビエせんべい、アマビエTシャツ、アマビエパンツ、アマビエねぶた、アマビエだるま、そしてアマビエのラベルを貼っただけの商品等々、アマビエ商法は止む気配が見えない。まさかアマビエの大群がコロナを包囲するという殲滅（せんめつ）作戦を展開しているわけではないだろうが、新型コロナウイルスの流行が止むまで、アマビエ商法は続きそうである。神仏に祈るだけでなく、あたかも御守りのようにアマビエの図像を記したあやかり商品を購入し所持することで、ひとときの安心を得ることが、現代人の疫病への対処法になっているのだろうか。

5 ｜ 疫病の去ったあと

本稿を執筆している2020年11月の時点では、新型コロナウイルスは流行の第3波を迎えているといわれ、いつ終息するやら見通しが立たない。しかし、遠からぬうちに流行が去るものと信じたい。そうなった時に、今年流行した鍾馗やアマビエはどう

なっていくだろうか。民俗学者の宮田登は、流行した神が一時的に熱狂的に祭り上げられるものの、流行が去ってしまうと放置され、顧みられなくなることを「祀り捨て」と表現している。疱瘡神はその典型であり、江戸時代には、伝染病の一時的な流行が終わると、疱瘡神はもはや不要な物として放置され、やがて忘れられていったという［宮田1993］。

　さすがに鍾馗は、現在同様に関西の家々の屋根の上で邪悪をにらみ続け、五月人形の一つとして続いていくだろう。しかしアマビエは、「流行遅れのキャラクター」として忘れられ、コロナを回顧する時にだけ思い出されることになるのだろうか。

　しかし、新たな感染症はまたいつか、必ずやって来る。次の流行時には、アマビエが再登場するか、もしくは別の妖怪のようなものが登場し、キャラクター化してあふれ出し、やがて消えていくに違いない。宮田がいうところの「祀り捨て」を繰り返すことになるのだろう。そのような対処法を繰り返すことを確かめるためにも、今回のアマビエブームの行く末は丹念に見届ける必要があると考えている。

参照文献

《文献》

◆京都市文化市民局文化財保護課監修『祇園祭 温故知新——神輿と山鉾を支える人と技』淡交社、2020

◆黒田剛司『牛頭天王信仰と津島天王祭』泰聖書店、2002

◆市東真一「しずかのアマビエの御札」『長野県民俗の会通信』277:8-9、2020

◆二階堂義弘『中国の神さま——神仙人気者列伝』平凡社新書、2000

◆扶桑社編『みんなのアマビエ』扶桑社、2020

◆宮田登『江戸のはやり神』ちくま学芸文庫、1993

◆湯本豪一「予言する幻獣——アマビコを中心に」小松和彦編『日本妖怪学大全』小学館、pp.103-125、2003

◆ローテルムンド、H. O.『疱瘡神——江戸時代の病いをめぐる民間信仰の研究』岩波書店、1995

《ウェブサイト》

◆SankeiBiz 2020.6.22.「新型コロナで祭りのない夏 推定損失1兆8000億円の試算も」SankeiBiz https://www.sankeibiz.jp/business/news/200622/bsm2006220653019-n1.htm （2020年11月25日閲覧）

◆じゃらん編集部 2020.8.20.「アマビエがかわいい御朱印・護符15選！」 じゃらんニュース https://www.jalan.net/news/article/477585/l （2020年11月25日閲覧）

ブックガイド

新潟県立歴史博物館（監修）『まじないの文化史——日本の呪術を読み解く』
河出書房新社、2020
呪術とは人類学の学術用語で、呪いや祈祷、魔除けなどを指す。日本の呪術について博物館の企画展をもとに解説した本。写真中心に紹介されているので非常にわかりやすく、楽しめる。

現代社会を知るための 30 のキーワード

あ

アウトバウンド・インバウンド（4章）

　この用語はIT業界や広告業界などでも使用されるが、総じてアウトバウンドには内部から外部へ出る、インバウンドには外部から内部に入る、という意味がある。日本における観光関連用語では、アウトバウンドは日本から海外旅行に行く行動全般を指し、インバウンドは外国人旅行客が日本を訪問する行動全般を指す。日本の観光政策では、1980年代後半はアウトバウンドが中心であったが、21世紀に入ってからはインバウンドの振興に注力している。

アブダクション（5章）

　帰納法や演繹法と並ぶ推論方法で、理解できない現実に直面したときにそれを説明するために最も適切な仮説を導き出すこと意味する。ものごとの正解を説明しようとするとき、複数の事象から一般的な法則を導き出す帰納法やある事象から論理的に積み上げていって結論を導き出す演繹法だけではうまくいかないことがある。そうした際に有効で、その意味では直感と現実とをつなぐ手法とも言える。

アマビエ（10章）

　弘化3（1846）年4月中旬に発行された瓦版「肥後国海中の怪」に登場する妖怪。「当年より六ヶ月は豊作となるが、流行病が流行したら人々に私の写しを見せるように」と言って海中に没したという。「アマビコ」の名で知られる妖怪の名を「アマビエ」と書き誤ったと考えられる。新型コロナウイルス流行に際して

この話が広まると、流行の終息を願って、SNSなどでアマビエの絵が拡散され、さまざまなあやかり商品も登場した。

疫病退散（10章）
<small>えきびょうたいさん</small>

　医学が発達する前の日本では、原因がわからない疫病（伝染病）がはやると、流行が収まり病気が治ることを願い、さまざまな呪術（まじない）を行った。神仏に祈ったり、神仏の絵や呪文を描いたお札を貼ったり、お守りを身につけたり、何かを燃やしたり川や海に流したりした。こうした民間信仰は、科学万能の世の中にみえる現在でも姿を消してはおらず、人々の不安をある程度は和らげている。

ＳＤＧｓ（2章）
<small>エス・ディー・ジーズ</small>

　2015年9月に、国連が193ヵ国の合意の下に定めた持続可能な開発目標（Sustainable Development Goals, SDGs）のこと。「誰一人取り残さない」をスローガンとし、17の大目標が掲げられている。その内容としては、世界が直面している貧困、飢餓、健康・福祉、教育、ジェンダー、水、エネルギー、働きがい、産業・技術革新、不平等・格差、まちづくり、環境保全、平和、連携・協働などをテーマとした課題が取り上げられており、2030年までに達成することが目指されている。

エンタテインメント（7章）

　人々を楽しませる娯楽を指す。特にパフォーマーの技能を鑑賞することを主体とした余興、出し物、見せ物を表わす語で、スポーツ、演奏会、講演、舞台演劇などを指す。楽しみ、気分転換、息抜き、気晴らし、レジャーなどが類語とされる。しかしながら、エンタテインメントを定義することは容易ではない。テーマパークやゲームなど、技術の発展により、新たな領域が出現しているからだ。

か

環境教育（2章）

　一般の人たちに環境問題に関する興味・関心を高め、環境保全を行うための適切な知識、技能、態度や行動を身につけてもらうのが環境教育の活動である。現在、地球上で課題となっている地球温暖化による気候変動の問題、プラスチックによる海洋汚染、森林破壊による生物多様性の減少などをテーマとし、学校、職場や家庭などのさまざまな場所で環境学習が進められている。日本の環境教育の特徴の一つとしては、五感を通じて気づきを促す自然体験型の学習が挙げられる。

関係人口（3章）

　総務省の定義では、移住した「定住人口」でもなく、観光に来た「交流人口」でもない、地域や地域の人々と多様に関わる地域外の人々のことを指す。日本はすでに高齢化と人口減少に直面しており、各地域では地域づくりの担い手の確保が課題となっている。そのため、地域外の人々に当該地域への来訪を促し、地域住民とともに地域づくりに向けて協働してもらう仕組みづくりの重要性が高まっている。

共感・同調（7章）

　共感とは「他者と喜怒哀楽の感情を共有すること」であり、同調とは「他者が経験した事柄や気持ちに入り込み、あたかも自分の体験のように感じてしまうこと」である。プロ野球ファンの心理を理解するためには、まずはこの2つの違いをしっかりと理解しなくてはならない。これらの感情を味わうためには、実際にプロ野球が行われている野球場へ足を運ぶことをお勧めする。

クマの種類 （6章）

　日本には北海道に分布するヒグマと、本州および四国に分布するツキノワグマとの2種類が生息する。ツキノワグマは中央アジアから東アジアにかけて広く分布しており、ニホンツキノワグマはこの種の亜種である。IUCNのレッドリストでは種ツキノワグマとしてVU（絶滅危惧II類）に入っているが、日本国内では四国など地域的に絶滅が危惧されている個体群があるものの、種全体として増加傾向にあり、国の絶滅危惧種ではない。

クマの個体数 （6章）

　環境省生物多様性センターの平成22年度の特定哺乳類生息状況調査報告書によれば、既存情報の集計により、ヒグマの個体数は1,771〜3,628頭（中央値2,700頭）、ツキノワグマの個体数は12,297〜19,096頭（中央値15,685頭）との推計がある。ただし哺乳類の個体数推計は、実数を把握することの技術的な困難などから手法が確立しているとはいい難く、毎年個体数をモニタリングし対策に活かすような状況とはなっていない。

クマの分布域 （6章）

　環境省生物多様性センターの平成30年度の中大型哺乳類分布調査報告書によれば、ヒグマとツキノワグマの分布域は確実に拡大している。国土を5km四方の枠（メッシュ）で分割し、メッシュごとに生息情報を収集した結果、国土の全メッシュ数17,068のうち54.8%にあたる9,358において生息情報が得られた。これは、平成12年度から14年度にかけて実施された第6回哺乳類分布調査に比べて38.9%の増加である。

グラスルーツ （8章）

　グラスルーツとは草の根という意味であるが、サッカーの文脈では、キッズをはじめとするさまざまな普及の取り組みを指

す言葉として用いられている。JFA は2014年に「JFA グラスルーツ宣言」を発表した。これは、年齢、性別、障がい、人種などに関わりなく、誰もが、いつでも、どこでもサッカーと触れ合える機会を創っていく「Football for All」の実現を目指していくというものである。

国際法規 (9章)

国際社会における規律であり、国家間、国際組織、個人を規律する成文化された法である。条約法に関するウィーン条約では、「国の間の平和的協力を発展させるための手段（前文）」と規定されており、国家間の合意によって拘束力を持つ。特定の行為が、国際的な慣行により、義務的または正当なものと認められるとき（法的確信）は、国際慣習法が成立し、国際社会すべての国家を拘束する。

さ

鍾馗 (10章)

中国で信仰される神。唐の玄宗皇帝が夢で鬼に悩まされた時、夢の中で鬼を退治したとされ、信仰の対象になった。日本に伝わると、民間信仰ではその威力から魔除けの効果があるとされ、鍾馗の絵を家の戸口に貼ったり、瓦の鍾馗を屋根の上に飾る地域がある。また男の子の成長を願い、端午の節句（こどもの日）に鍾馗の人形や幟（のぼり）を飾ることもある。新型コロナウイルス流行に際しても、各地で鍾馗の力を借りて退散を願った。

ステークホルダー (3章)

企業などの組織の目的の達成によって影響を受ける個人または集団を指す。一般に、利害関係者とも呼ばれる。近年では、たとえば「株式会社の目的は利潤最大化にある」との考え方が社

会全体の利益と一致しない局面が目立ちはじめたとの反省から、ステークホルダーの助力を得て、環境・社会・経済の調和を図る企業経営が社会から要請されるようになってきた。同様に地域づくりにおいても、地域を取り巻くステークホルダーの総力を結集して活性化へとつなげることが望まれる。

政策 （9章）

社会の問題を解決するための手段、問題に対する対処方法を指す。国際社会では、Policyと呼ばれ、目的を達成するための方針を指す。Policy（仏語）は、Polites（古代仏語：市民）/Policie（中期仏語：民生）に由来する。Politeia（古代希語：市民政治）、Politia（羅甸語：行政）と同様の派生語である。Polis（古代希語：都市国家）やPtolis（希祖語：都市）を起源とし、社会の意思決定と目標実現のための作用を意味する。

世界の貧困層 （2章）

貧困層とは、教育、保健医療、水、食料、住居、雇用などの基本的な物やサービスが受けられない状態の人たちを示す。貧困を把握する一つの基準としては、世界銀行が設定している「国際貧困ライン（一人当たり、1日1.90ドル以下で暮らす層）」という経済的指標がある。これに沿うと、世界では7億3,600万人（2015年時点）におよぶ極度の貧困層が存在し、その多くは南アジア（インド、バングラデシュなど）やアフリカ（ナイジェリア、コンゴ民主共和国、エチオピアなど）の地域に分布している。

た

代表強化 （8章）

日本サッカー協会が、世界を基準とした強化策の推進を目指す中で掲げている「三位一体の強化策」の1つ。代表チームは

その時々の日本を代表するチームであり、その力を強化するためには、試合から抽出した課題に取り組むことなどが必要である。だが、代表チームの強化のためには、全体の底上げが肝要であり、そのような短期的強化策のみならず、中期的・長期的強化策であるユース育成と指導者養成にも重点を置く必要がある。

他者理解 （1章）

　他者（自分以外のひと）を知ることは、同時に、自分を見つめ直すことでもある。文化人類学が説く「文化相対主義」では、他者との違いを考える際、自分の価値基準を押しつけるのではなく、むしろ差異を差異として尊重し、その差異から自らの「当たり前」を振り返ることが重要だと考えている（自己の相対化）。このような自己省察を通して、自分と相手との差異を等距離に眺めることができるようになって初めて、他者との共通の理解をつくる地平が開かれていく。

ツーリズム （4章）

　世界観光機関（UNWTO）の定義では「レジャー、ビジネス、その他の目的で、連続して１年を超えない期間、通常の生活環境から離れた場所を旅行したり、そこで滞在したりする人の活動」（UNWTO「観光統計に関する勧告」1993）となっている。日本ではtourismの和訳語として「観光」が充てられており、「自由な往来のもとにおける人的交流全般および観光行動の促進」との解釈が一般的である。観光産業全般を意味することも多い。

鉄道 （3章）

　日本民営鉄道協会は、「レールを敷いた専用通路上」を「人と物を迅速かつ大量に運送する一切の設備と、人を含む事業」と定義している。専用の軌道を通るため、定時性に優れていると

いう特長もあり、通勤や通学、買い物、通院、ビジネス、レジャーなどに幅広く利用されている。しかし近年では、人口減少やモータリゼーションの進展などにより、特に地方圏の鉄道事業者の経営は厳しさを増しているため、観光利用の促進などによる活性化が模索されている。

デットマール・クラマー（8章）

　1925年4月4日生まれのドイツ人。サッカー指導者。日本サッカー界初の外国人コーチとして招聘され、1964年の東京オリンピックに向けた男子日本代表チームを指導し、1968年のメキシコオリンピック銅メダルへの代表チームの基礎を作った。その他にも日本サッカーリーグの創設にも尽力したことから「日本サッカーの父」と呼ばれている。

な

ナビゲーション（5章）

　直接的に知覚できない目的地への移動で、その移動経路が未知の場所を含んでいるとき、その移動に関わる支援をするしくみを指して言う。このナビゲーションに関する認知のプロセスは①プランニング、②ルート維持、③現在地の把握という3つの段階から成り立つが、必ずしも地図が必要なわけではない。ただし、刻々と変わる環境の中でこれらを実践することは、当初のプランニング以外にその場に応じた「即興」が求められる。

は

プロ野球ファン（7章）

　日本国内におけるプロ野球を愛好する人々を指す。1970年代は、プロ野球ファンのほとんどがジャイアンツ（読売巨人軍）ファ

ンであると言われていたが、現在は、地域密着を掲げる球団も
多く、12球団に分散されている。かつては「人気のセリーグ、実
力のパリーグ」と呼ばれた時代もあったが、近年は「人気、実
力ともにパリーグ」と称す人が多い。

文化 (9章)

　特定の集団が持つ、表現や慣習、思想的傾向、生活様式など。
先天的な能力や資質のような生得的なものではなく、特定の概
念や動作を受容し、後天的に個々が固有の特徴を身につけるこ
とで形成される。共鳴的、帰納的に発展する。地域ごとにみら
れる特性と傾向は、相互に影響しあい、伝播と時を経て独自の
様式へさらに変化する。独自性が豊かさとなり特有の価値を創
出する。

文化人類学 (1章)

　文化人類学 (社会人類学、民族学とも) は、世界各地のさまざまな
場所や環境に暮らす人間の生活について調査・記録し、自分と
は異なるものの考え方、生のありように触れることで「人間と
は何か」という問いを深く考えていく学問である。異文化の研
究を志向する傾向が強く、特に近代制度や産業文明を持たない
人びとについての厚い研究蓄積がある。この学問の歴史のなか
で密接な関わりを持ってきた隣接分野として、社会学、民俗学、
自然人類学 (形質人類学) などが挙げられる。

文化相対主義 (1章)

　文化人類学のキーコンセプトの一つ。文化の優劣を判断でき
るような絶対的基準は存在せず、人間集団がつくる文化は対等
であり、それぞれ独自の価値があるという考え方のこと。人間
はしばしば、自分の文化に縛られて、他の文化について独善的
な判断をしてしまう (自民族中心主義)。このようなとらえ方への

反省を促し、異質な他者に敬意を払うことを強調する文化相対主義という考え方は、他者理解のための方法論であるとともに、現代社会の諸問題に関わる際の倫理的・道徳的な心構えでもある。

ま

まなざし（4章）

　「まなざし」には単に見るだけでなく、対象となるものをどう認識するか、という哲学的な意味がある。他者を見ることで主体と客体の関係が成立する場合、主体が客体に向ける視線が「まなざし」と呼ばれる。イギリスの社会学者ジョン・アーリは、著書『観光のまなざし』で、フランスの哲学者ミシェル・フーコーが示した「まなざし」の概念をもとに「観光とは、日常から離れた景色、風景、町並みなどに対してまなざしを投げかけることである」と定義した。

メディア・ビオトープ（5章）

　ビオトープとは生態学に由来する「生命（BIO）」と「場所（TOP）」を合成した概念で、生態系（eco-system）とほぼ同義である。「メディア・ビオトープ」とは、メタファーとして生物種の多様な棲み分けをメディア空間にあてはめ、マスメディアやSNSに代表されるプライベートなメディアが、多様性の維持と展開を図るという一点で結果的に微小な「ネットワーク」として部分的に再構成されている状態を指す。

執筆者一覧 （編者代表、以下掲載順、＊は編者）

土屋　薫＊（つちや　かおる）
江戸川大学社会学部現代社会学科教授。専門はレジャー社会学。
研究テーマは観光創造、オープンガーデン、関係人口など。

川瀬　由高＊（かわせ　よしたか）
江戸川大学社会学部現代社会学科講師。専門は文化人類学、中
国研究。研究テーマはコミュニティ論、農村研究など。

佐藤　秀樹＊（さとう　ひでき）
江戸川大学社会学部現代社会学科講師。専門は環境教育、環境
社会学、国際協力・社会支援。研究テーマは市民参加型の環境
保全活動、SDGs など。

大塚　良治＊（おおつか　りょうじ）
江戸川大学社会学部現代社会学科准教授。専門は観光学、経営
学。研究テーマは鉄道ビジネス、観光まちづくりなど。

崎本　武志（さきもと　たけし）
江戸川大学社会学部現代社会学科教授。専門は観光学全般。研
究テーマは交通論（鉄道・駅・クルーズなど）、サービス産業論、ホ
スピタリティ論。

中島　慶二（なかじま　けいじ）
江戸川大学社会学部現代社会学科教授。専門は自然保護制度論。
研究テーマは国立公園、エコツーリズム、野生生物保護など。

末永　尚（すえなが　たかし）
江戸川大学社会学部現代社会学科講師。専門はスポーツ社会学、
スポーツ科学。研究テーマはフットボール研究。

広岡　勲（ひろおか　いさお）
江戸川大学社会学部経営社会学科教授。専門はスポーツマネジ
メント、危機管理。研究テーマはプロスポーツのリスクマネジ
メントなど。

関根　理恵（せきね　よしえ）
江戸川大学社会学部現代社会学科准教授。専門は芸術、文化財
保存学、文化政策。研究テーマは美術工芸、文化財保存修復、国
際文化政策など。

阿南　透*（あなみ　とおる）
江戸川大学社会学部現代社会学科教授。専門は民俗学。研究
テーマは祭り、イベント、年中行事など。

現場に立つから、おもしろい
――世界をつなぐ、ひと・モノ・しくみ

2021 年 4 月 3 日　初版発行

監修者	江戸川大学現代社会学科
編者	土屋薫・阿南透・大塚良治・川瀬由高・佐藤秀樹

発行者	三浦衛
発行所	春風社 *Shumpusha Publishing Co.,Ltd.*

横浜市西区紅葉ヶ丘 53　横浜市教育会館 3 階
〈電話〉045-261-3168　〈FAX〉045-261-3169
〈振替〉00200-1-37524
http://www.shumpu.com　✉ info@shumpu.com

装丁・レイアウト	矢萩多聞
印刷・製本	シナノ書籍印刷株式会社